O CREDO DO POVO DE DEUS

O CREDO DO POVO DE DEUS

A profissão de fé de PAULO VI

Apresentação de Luciano Monari, Bispo de Bréscia

Dados Internacionais de Catalogação na Publicação (CIP)
(Câmara Brasileira do Livro, SP, Brasil)

Paulo VI, Papa, 1897-1978.
  O credo do povo de Deus : a profissão de fé de Paulo VI / apresentação de Luciano Monari ; [tradução Jaime A. Clasen]. – São Paulo : Paulinas, 2014. – (Coleção memória)

ISBN 978-85-356-3818-9

1. Papas - Biografia 2. Paulo VI, Papa, 1897-1978   I. Monari, Luciano. II. Título. III. Série.

14-09033   CDD-262.13092

Índice para catálogo sistemático:
1. Papas : Biografia   262.13092

1ª edição 2014

Título original da obra: *Il credo del popolo di Dio*
© Libreria Editrice Vaticana
© Paoline Editoriale Libri. Figlie di San Paolo. Via Francesco Albani, 21 - 20149 Milano

Direção-geral: *Bernadete Boff*
Editora responsável: *Andréia Schweitzer*
Tradução: *Jaime A. Clasen*
Copidesque: *Mônica Elaine G. S. da Costa*
Coordenação de revisão: *Marina Mendonça*
Revisão: *Ivan Antunes*
Gerente de produção: *Felício Calegaro Neto*
Capa e diagramação: *Manuel Rebelato Miramontes*

Nenhuma parte desta obra poderá ser reproduzida ou transmitida por qualquer forma e/ou quaisquer meios (eletrônico ou mecânico, incluindo fotocópia e gravação) ou arquivada em qualquer sistema ou banco de dados sem permissão escrita da Editora. Direitos reservados.

Paulinas
Rua Dona Inácia Uchoa, 62
04110-020 – São Paulo – SP (Brasil)
Tel.: (11) 2125-3500
http://www.paulinas.org.br – editora@paulinas.com.br
Telemarketing e SAC: 0800-7010081
© Pia Sociedade Filhas de São Paulo – São Paulo, 2014

Súmario

Apresentação 11

Nota do Editor 15

O Credo do povo de Deus 17

I – Cremos em um só Deus, Pai, Filho e Espírito Santo
1. Revelação natural de Deus 29
2. Deus revela a si mesmo em Cristo 31
3. Aproximar-se de Cristo para conhecê-lo 32
4. Cristo, o verdadeiro homem 33
5. O encontro com Cristo, o Messias 34
6. Cristo vive pelo anúncio e testemunho 35
7. O Evangelho, força de Deus 36

II – Cremos em Jesus Cristo, Filho de Deus, centro da história
8. Jesus, centro da história 39
9. A obra redentora de Cristo 40
10. Decidir-se por Jesus 41
11. Jesus é proclamado Messias 42
12. Memorial, paixão, caridade de Cristo 43
13. A cruz de Cristo 45
14. Vigília pascal 46
15. Cristo ressuscitou 48
16. Testemunhas da ressurreição 49
17. Vida ressuscitada em Cristo 50
18. A experiência de Emaús 53
19. Cristo Senhor e centro do cosmos 54

III – Cremos no Espírito Santo, que é Senhor e dá a vida

20. Realidade misteriosa 57
21. Um Consolador para todos 58
22. A ação do Espírito Santo 59
23. O Espírito age na evangelização 60
24. A vida interior 61
25. Amor vivificante 62
26. Como receber o dom de Deus 63
27. Espiritualidade do amor 64

IV – Cremos em Maria, Mãe do Verbo Encarnado e Mãe da Igreja

28. Filha predileta do Pai 67
29. A mais próxima de Cristo 68
30. A lâmpada e a luz 69
31. Maria no plano da salvação 70
32. Mãe da Igreja 71
33. Fé e fidelidade de Maria 72
34. Maria teve fé 73
35. Um culto renovado 74
36. Uma dignidade singular 75
37. Celebrar em Maria os mistérios de Cristo 76
38. Maria é nossa guia 77
39. Maria é nosso modelo 78
40. Exemplo para a Igreja 79

V – Cremos na Igreja, povo de Deus peregrinando na terra

41. O nascimento da Igreja 83
42. Igreja como morada de Deus 84
43. O tesouro da Igreja 85
44. Corpo místico de Cristo 86
45. O Espírito gera a Igreja 87
46. Graça e ministério pastoral 88

47. Em contínua construção 89
48. Igreja que escuta e comunica a Palavra 90
49. Cristo presente na Igreja 91
50. Jesus presente com a sua Palavra 92
51. A Palavra se encarna em nós 93
52. Ouvir a Palavra 94
53. Guardar e meditar a Palavra 95
54. A Palavra guia a vida 96
55. Anúncio do Reino de Cristo 97
56. Oferecer a todos a luz do Evangelho 98
57. Anúncio e testemunho 100
58. A Igreja leva a mensagem de Cristo 101
59. Defender a dignidade do homem 102
60. A Eucaristia é mistério de fé 103
61. O "sinal" que esconde e revela 104
62. Jesus nos revela o seu amor 105
63. Comunhão com Cristo e entre nós 106
64. O mandamento novo 107
65. Sacramento de unidade da Igreja 108
66. Amor que se comunica 109
67. O "Pão" para o peregrino terreno 110
68. Um só Batismo 111
69. Universalidade da salvação 112
70. Comunhão na diversidade 113
71. A unidade dos cristãos 114
72. A unidade é requerida por Cristo 115
73. Um povo que abrange todos 116
74. Unidade na diversidade 117
75. Não se resignar com as separações 118
76. Esforço de compreensão 119
77. Não duvidar da Igreja 120
78. Aqueles que buscam Deus 121
79. Celebramos o mistério da fé 122
80. Pela esperança fomos salvos 123
81. Necessidade de esperança 124

82. Amor e dom de si 126
83. Oferta de nós mesmos 127

VI – CREMOS NA VIDA ETERNA
COMPROMISSO E DIÁLOGO COM DEUS E COM O HOMEM

84. Fixar o coração onde Cristo está 131
85. Temos necessidade de Cristo 132
86. Ir em direção da vida 134
87. O nosso verdadeiro destino 135
88. Voltar à casa de Deus 136
89. A palavra nos guia além do tempo 137
90. Deus é a alegria, a nossa alegria 138
91. Penhor de felicidade 140
92. Igreja que reza 141
93. Somos templo de Deus 142
94. Falar a Deus dos acontecimentos humanos 143
95. A busca de Deus 144
96. O sepulcro vazio 145
97. O Pai que dialoga conosco 146
98. Deus responde sempre 147
99. Rito e mistério 148
100. Para uma comunhão entre as nações 149
101. Dar ao mundo razões de viver 150
102. Os vestígios de Deus no trabalho do homem .. 152
103. Cristo se revela em quem sofre 153
104. Iguais na dignidade e nos direitos 154
105. Anunciai Cristo nos vossos países 155
106. O dom da paz 156
107. Não há paz sem Deus 157
108. A paz do coração como dom do Natal 159
109. A paz é obra de Deus e dos homens 160
110. Educar para a paz 161
111. A paz é dever 162
112. Banir a guerra 163
113. Tornar possível a paz 164

114. A paz repousa no amor 166
115. Sem perdão não há paz verdadeira 167
116. Perdoar para ser perdoados 169
117. A paz, verdadeiro bem da humanidade 170
118. A paz é bem comum 172
119. Paz, desenvolvimento e necessidades dos outros 173
120. O respeito pelo homem conduz à paz 174
Oração de Paulo VI para conseguir a fé 175

Apêndice

Cronologia 179
Fontes 186
Documentos citados 192

Apresentação

O ano da fé, que Bento XVI proclamou em 11 de outubro de 2011 para iniciar-se em 11 de outubro de 2012 (nos cinquenta anos do início do Concílio), lembra inevitavelmente o ano da fé análogo que Paulo VI proclamara por ocasião do décimo nono centenário do martírio dos Santos Pedro e Paulo; portanto, pouco tempo após a conclusão do Concílio, de modo a colher plenamente o fruto da experiência conciliar. Paulo VI tinha claríssima a percepção de quanto a vida contemporânea se move para fora dos parâmetros da fé e reconhecia bem que "o divórcio entre a fé... e o comportamento cotidiano de muitos deve ser contado entre os mais graves erros do nosso tempo" (GS 43). Quando ainda era Bispo de Milão, empregara todas as forças daquela grande diocese para promover a Missão Popular que deveria anunciar de novo o Evangelho aos homens de hoje, em todas as diversas condições de vida em que eles se encontram e se movem. É de uma percepção semelhante que nasceu a vontade de Bento XVI de proclamar um novo "Ano da fé". Ou a fé consegue dar um horizonte vital a todos os comportamentos do ser humano, ou corre o risco de se tornar supérflua e ser abandonada. Não tanto refutada (embora o mundo contemporâneo conheça uma oposição direta à fé e à experiência de fé), mas abandonada, como se abandona algo supérfluo, uma lembrança do passado que teve a sua importância, mas que hoje parece não ter utilidade.

Pode ser útil, então, refazer a caminhada que Paulo VI propôs à Igreja através do seu rico ensinamento sobre a fé; a partir daquele "Credo do povo de Deus" que Paulo VI pronunciou em 30 de junho de 1968, no término do ano da fé, como sua marca característica. A preocupação do Papa era que a atenção ao "sujeito" não fizesse esquecer o aspecto objetivo da fé, que a atualização não se transformasse em mudança dos conteúdos da fé segundo os desejos ou as necessidades do tempo. Por isso o Papa fez a sua profissão de fé. É a profissão de fé dele, pessoal, comprometida, convicta; mas, ao mesmo tempo, é a fé de Pedro que assume em si a fé de todo o grupo dos discípulos, de todos os crentes: "Como outrora, em Cesareia de Felipe, Simão Pedro, em nome dos Doze Apóstolos, à margem das opiniões humanas, confessou ser Cristo verdadeiramente o Filho de Deus vivo, assim também hoje o seu humilde sucessor, Pastor da Igreja Universal, em nome de todo o Povo de Deus, eleva a sua voz para dar firmíssimo testemunho da Verdade Divina, que só foi confiada à Igreja para que ela anuncie a todas as nações".

Exatamente assim: a forma pela qual se transmite a fé não é a do ensino, mas a do testemunho. É testemunho de alguém que nos supera imensamente e que certamente não depende de nós; mas é, ao mesmo tempo, testemunho de alguém que nos envolve pessoalmente no mistério da sua existência e que podemos apenas encontrar com um ato de adesão pessoal e livre. O Papa faz a sua adesão de fé pessoal; e nós, os crentes, nos reconhecemos nela ao aderir a ela com convicção, de modo que aquela profissão seja também nossa, de todos juntos.

Os textos reunidos neste volume desenvolvem as diversas dimensões da profissão de fé cristã, fazendo emergir, pouco a pouco, um horizonte que dá sentido à vida e à morte, à fadiga e ao trabalho, ao sofrimento e à alegria. O primeiro texto exprime a admiração diante da revelação natural de Deus através do mundo criado, que aproveita a ocasião oferecida pela passagem de um cometa através do nosso céu. Daqui, porém, o discurso se desloca imediatamente para a revelação em Cristo; ele é o centro da história, é ele quem dá pleno sentido à existência do homem, é a ele que somos chamados a aderir com fidelidade e amor, movidos pelo testemunho interior do Espírito Santo. Temos assim os três primeiros capítulos do volume: "Cremos num só Deus... em Jesus Cristo, Filho de Deus... no Espírito Santo".

A esta altura o Credo acrescenta: "Creio na Igreja, una, santa, católica, apostólica". A nossa coletânea, porém, faz um capítulo sobre "Maria, mãe do Verbo Encarnado" preceder a referência à própria Igreja. Então a fé de Maria se torna modelo da nossa fé; com ela aprendemos a acolher a Palavra de Deus, a lhe dar carne na nossa vida, a torná-la palavra encarnada através da nossa obediência. O capítulo seguinte expõe a contemplação da Igreja, morada de Deus no mundo, através da Palavra de Deus, da Eucaristia. Deus quer que a humanidade inteira constitua uma única família mantida junto pelo amor, e a Igreja deve se tornar a antecipação e o instrumento dessa família; torna-se isto à medida que se deixa plasmar pela Palavra de Deus que anuncia e pela Eucaristia que celebra. Chegamos assim à conclusão com a contemplação da meta, a vida eterna, e o compromisso de que essa meta reflua sobre o caminho do tempo: a oração, o amor eficaz pelo homem, a paz.

O ano da fé é também uma ocasião que nos é oferecida: "Já estou chegando e batendo à porta. Se alguém ouvir a minha voz e abrir a porta, entrarei em sua casa, e juntos faremos a refeição" (Ap 3,20).

† Luciano Monari
Bispo de Bréscia

Nota do Editor

O núcleo temático deste volume é a *profissão de fé* de Paulo VI, que levou o nome de "Credo do povo de Deus", proferida solenemente na Praça de São Pedro em 30 de junho de 1968, na conclusão do *Ano da fé* por ele promulgado para o 19º centenário do martírio dos Santos Pedro e Paulo.

A atenção da Igreja em relação à fé sempre foi muito alta. Antes de tudo porque – diz Paulo VI – "a fé é o início da salvação humana... é a fonte da caridade; é o centro da unidade; é a razão de ser fundamental da nossa religião".

Além disso, "porque hoje... – acrescenta o Papa – a adesão à fé ficou mais difícil..." por toda uma série de razões correlatas ao progresso humano, a filosofias e desvios que – diz o Papa – "transtornam as mentes dos modernos". Paulo VI fala de "situação dramática da fé nos nossos dias", que – na verdade – não parece estar muito mudada hoje.

Este livro, intitulado com razão *O Credo do povo de Deus*, reúne trechos escolhidos de Paulo VI, selecionados de discursos, mensagens, homilias, alocuções e outros documentos, articulados em seis grandes capítulos segundo a ordem dos pontos doutrinais professados no Credo. Quase um comentário ao *ato de fé oficial* de Paulo VI, desenvolvido com as suas próprias palavras, pelas quais transparece a fé e o amor incondicionado a Deus, à Igreja, ao ser humano; ao mesmo tempo emerge toda a "trágica" ânsia

15

e sofrimento pela situação humana do seu tempo. "Falamos com dor... – diz ele – porque os remédios, que de tantos lados se procura aplicar às modernas crises de fé, são muitas vezes falazes". Junto com o sofrimento, porém, é constante a sua esperança. Nunca deixa de convidar cada um a construir a paz e a "dar ao mundo as razões de viver": este, de fato, é o convite feito aos representantes da imprensa australiana em dezembro de 1970.

Uma obra atual; uma contribuição para a caminhada pastoral da Igreja; uma oportunidade de nos aproximarmos do Papa do Concílio Vaticano II, Paulo VI, para todos nós mestre e testemunha daquilo que professou oficialmente: *Cremos em um só Deus Pai, Filho, Espírito Santo...*, cremos em Jesus Cristo, no Espírito Santo, em Maria... na Igreja... na vida eterna.

São particularmente densos os dois últimos capítulos: sobre a Igreja, povo de Deus peregrino, e sobre a vida eterna, compromisso e diálogo com Deus e com o ser humano.

Ao compilar este volume privilegiamos uma ordem temática e a ordem cronológica que consta no *Apêndice*, sob o título *Fontes*. Estão relacionadas ano a ano, desde 1964 até 1975, as datas dos documentos dos quais foram selecionados os trechos indicados pelo número que consta entre colchetes.

O Credo do povo de Deus

Cremos em um só Deus, Pai, Filho e Espírito Santo, criador das coisas visíveis, como este mundo, onde se desenrola nossa vida passageira; criador das coisas invisíveis, como são os puros espíritos, que também chamamos anjos; Criador igualmente, em cada homem, da alma espiritual e imortal.

Cremos que este Deus único é tão absolutamente uno em sua essência santíssima como em todas as suas demais perfeições: na sua onipotência, na sua ciência infinita, na sua providência, na sua vontade e no seu amor. Ele é Aquele que É, conforme ele próprio revelou a Moisés; ele é Amor como nos ensinou o Apóstolo São João; de tal maneira que estes dois nomes – Ser e Amor – exprimem inefavelmente a mesma divina essência daquele que se quis manifestar a nós e que, habitando uma luz inacessível, está, por si mesmo, acima de todo nome, de todas as coisas e de todas as inteligências criadas. Só Deus pode dar-nos um conhecimento exato e pleno de si mesmo, revelando-se como Pai, Filho e Espírito Santo, de cuja vida eterna somos pela graça chamados a participar, aqui na terra, na obscuridade da fé, e, depois da morte, na luz sempiterna. As relações mútuas, que constituem eternamente as Três Pessoas, sendo, cada uma delas, o único e mesmo ser divino, perfazem a bem-aventurada vida íntima do Deus santíssimo, infinitamente acima de tudo o que podemos conceber à maneira humana. Entretanto, rendemos graças à bondade divina pelo fato de poderem numerosíssimos crentes dar testemunho conosco, diante dos homens, sobre a unidade de Deus, embora não conheçam o mistério da Santíssima Trindade.

Cremos, portanto, em Deus Pai, que desde toda a eternidade gera o Filho; cremos no Filho, Verbo de Deus, que é eternamente gerado; cremos no Espírito Santo, Pessoa incriada, que procede do Pai e do Filho como Amor sempiterno de ambos. Assim, nas Três Pessoas Divinas, que são igualmente eternas e iguais entre si, a vida e a felicidade de Deus perfeitamente uno superabundam e se consumam na superexcelência e glória próprias da Essência incriada; e sempre se deve venerar a unidade na Trindade e a Trindade na unidade.

Cremos em Nosso Senhor Jesus Cristo, o Filho de Deus. Ele é o Verbo Eterno, nascido do Pai antes de todos os séculos e consubstancial ao Pai, *homoousious to Patri*. Por ele tudo foi feito. Encarnou por obra do Espírito Santo, da Virgem Maria, e se fez homem. Portanto, é igual ao Pai, segundo a divindade, mas inferior ao Pai, segundo a humanidade; absolutamente uno, não por uma confusão de naturezas (que é impossível), mas pela unidade da pessoa.

Ele habitou entre nós, cheio de graça e de verdade. Anunciou e fundou o Reino de Deus, manifestando-nos em si mesmo o Pai. Deu-nos o seu mandamento novo de nos amarmos uns aos outros como ele nos amou. Ensinou-nos o caminho das bem-aventuranças evangélicas, isto é: a ser mansos e pobres de espírito, a tolerar os sofrimentos com paciência, a ter sede de justiça, a ser misericordiosos, puros de coração e pacíficos, a suportar a perseguição por causa da virtude. Padeceu sob Pôncio Pilatos, Cordeiro de Deus que carregou os pecados do mundo, e morreu por nós pregado na cruz, trazendo-nos a salvação pelo seu sangue redentor. Foi sepultado e ressuscitou ao terceiro dia pelo seu próprio poder, elevando-nos por esta sua ressurreição a participarmos da vida divina que é a graça. Subiu ao céu, de onde há de vir novamente, mas então com glória, para julgar os vivos e os mortos, a cada um segundo os seus méritos: os que corresponderam ao Amor e à Misericórdia de Deus irão para a vida eterna; porém, os que os tiverem recusado até a morte serão destinados ao fogo que nunca cessará. E o seu reino não terá fim.

Cremos no Espírito Santo, Senhor que dá a vida e que com o Pai e o Filho é juntamente adorado e glorificado. Foi ele que falou pelos profetas e nos foi enviado por Jesus Cristo, depois de sua ressurreição e ascensão ao Pai. Ele ilumina, vivifica, protege e governa a Igreja, purificando seus membros, se estes não rejeitam a graça. Sua ação, que penetra no íntimo da alma, torna o ser humano capaz de responder àquele preceito de Cristo: "Sede perfeitos como perfeito é o vosso Pai celeste".

Cremos que Maria Santíssima, que permaneceu sempre Virgem, tornou-se Mãe do Verbo Encarnado, nosso Deus e Salvador, Jesus Cristo; e que por motivo desta eleição singular, em consideração dos méritos de seu Filho, foi remida de modo mais sublime, e preservada imune de toda a mancha do pecado original; e que supera de longe todas as demais criaturas, pelo dom de uma graça insigne.

Associada por um vínculo estreito e indissolúvel aos mistérios da Encarnação e da Redenção, a Santíssima Virgem Maria, Imaculada, depois de terminar o curso de sua vida terrena, foi elevada em corpo e alma à glória celestial; e, tornada semelhante a seu Filho, que ressuscitou dentre os mortos, participou antecipadamente da sorte de todos os justos. Cremos que a Santíssima Mãe de Deus, nova Eva, Mãe da Igreja, continua no céu a desempenhar seu ofício materno, em relação aos membros de Cristo, cooperando para gerar e desenvolver a vida divina em cada uma das almas dos seres humanos que foram remidos.

Cremos que todos pecaram em Adão; isto significa que a culpa original, cometida por ele, fez com que a natureza, comum a todos os seres humanos, caísse num estado no qual padece as consequências dessa culpa. Tal estado já não é aquele em que no princípio se encontrava a natureza humana em nossos primeiros pais, uma vez que se achavam constituídos em santidade e justiça, e o homem estava isento do mal e da morte. Portanto, é esta natureza assim decaída, despojada do dom da graça que antes a adornava, ferida em suas próprias forças naturais e submetida ao domínio da morte, é esta que é transmitida a todos os seres humanos. Exatamente neste sentido, todo ser humano nasce em pecado. Professamos, pois, segundo o Concílio de Trento, que o pecado original é transmitido juntamente com a natureza humana, pela propagação e não por imitação, e se acha em cada um como próprio.

Cremos que Nosso Senhor Jesus Cristo, pelo Sacrifício da Cruz, nos remiu do pecado original e de todos os pecados pessoais cometidos por cada um de nós; de sorte que se impõe como verdadeira a sentença do Apóstolo: "onde abundou o delito, superabundou a graça".

Cremos professando num só Batismo, instituído por Nosso Senhor Jesus Cristo para a remissão dos pecados. O Batismo deve ser administrado também às crianças que não tenham podido cometer por si mesmas pecado nenhum; de modo que, tendo nascido com a privação da graça sobrenatural, renasçam da água e do Espírito Santo para a vida divina em Jesus Cristo.

Cremos na Igreja una, santa, católica e apostólica, edificada por Jesus Cristo sobre a pedra que é Pedro. Ela é o Corpo Místico de Cristo, sociedade visível, estruturada em órgãos hierárquicos e, ao mesmo tempo, comunidade espiritual. Igreja terrena, Povo de Deus peregrinando aqui na terra, e Igreja enriquecida de bens celestes, germe e começo do Reino de Deus, por meio do qual a obra e os sofrimentos da redenção continuam ao longo da história humana, aspirando com todas as forças à consumação perfeita, que se conseguirá na glória celestial após o fim dos tempos. No decurso do tempo, o Senhor Jesus forma a sua Igreja pelos Sacramentos que emanam de sua plenitude. Por eles a Igreja faz com que seus membros participem do mistério da Morte e Ressurreição de Jesus Cristo, pela graça do Espírito Santo que a vivifica e move. Por conseguinte, ela é santa, apesar de incluir pecadores no seu seio; pois em si mesma não goza de outra vida senão a vida da graça. Se realmente seus membros se alimentam dessa vida, se santificam, se dela se afastam, contraem pecados e impurezas espirituais que impedem o brilho e a difusão de sua santidade. É por isso que ela sofre e faz penitência por esses pecados, tendo o poder de livrar deles seus filhos, pelo Sangue de Cristo e pelo dom do Espírito Santo.

Herdeira das promessas divinas e filha de Abraão segundo o Espírito, por meio daquele povo de Israel, cujos livros sagrados guarda com amor e cujos patriarcas e profetas venera com piedade; edificada sobre o fundamento dos Apóstolos, cuja palavra sempre viva e cujos poderes, próprios de pastores, vem transmitindo fielmente de geração em geração, no sucessor de Pedro e nos bispos em comunhão com ele; gozando, enfim, da perpétua assistência do Espírito Santo, a Igreja tem o encargo de conservar, ensinar, explicar e difundir a verdade que Deus revelou aos seres humanos, veladamente, de certo modo, pelos Profetas, e plenamente pelo Senhor Jesus. Nós cremos em todas essas coisas que estão contidas na Palavra de Deus por escrito ou por tradição, e que são propostas pela Igreja, quer em declaração solene, quer no magistério ordinário e universal, para serem cridas como divinamente reveladas. Nós cremos na infalibilidade de que desfruta o sucessor de Pedro, quando fala *ex cathedra*, como pastor e doutor de todos os cristãos e que reside também no Colégio dos Bispos, quando com o Papa exerce o Magistério Supremo.

Cremos que a Igreja, fundada por Cristo e pela qual ele orou, é indefectivelmente una, na fé, no culto e no vínculo da comunhão hierárquica. No seio desta Igreja, a riquíssima variedade dos ritos litúrgicos e a diversidade legítima do patrimônio teológico e espiritual ou de disciplinas peculiares, longe de prejudicar a unicidade, antes a declaram.

Reconhecendo também que fora da estrutura da Igreja de Cristo existem muitos elementos de santificação e de verdade, que como dons próprios da mesma Igreja impelem à unidade católica, e crendo, por outra parte, na ação do Espírito Santo, que suscita em todos os discípulos de Cristo o desejo desta unidade, esperamos que os cristãos que ainda não desfrutam da plena comunhão com a única Igreja se unam afinal num só rebanho sob um único Pastor.

Cremos que a Igreja é necessária para a salvação, pois só Cristo é o mediador e caminho da salvação, e ele se torna presente a nós no seu corpo que é a Igreja. Mas o desígnio divino da salvação abrange a todos os seres humanos; e aqueles que, ignorando sem culpa o Evangelho de Cristo e sua Igreja, procuram, todavia, a Deus com sincero coração, e se esforçam, sob o influxo da graça, por cumprir com obras a sua vontade, conhecida pelo ditame da consciência, também esses, em número, aliás, que somente Deus conhece, podem conseguir a salvação eterna.

Cremos que a missa, celebrada pelo sacerdote, que representa a pessoa de Cristo, em virtude do poder recebido no sacramento da Ordem, e oferecida por ele em nome de Cristo e dos membros do seu Corpo Místico, é realmente o sacrifício do Calvário, que se torna sacramentalmente presente em nossos altares. Cremos que, como o pão e o vinho consagrados pelo Senhor, na última ceia, se converteram no seu corpo e sangue, que logo iam ser oferecidos por nós na cruz, assim também o pão e o vinho consagrados pelo sacerdote se convertem no corpo e sangue de Cristo que assiste gloriosamente no céu. Cremos ainda que a misteriosa presença do Senhor, debaixo daquelas espécies que continuam aparecendo aos nossos sentidos do mesmo modo que antes, é uma presença verdadeira, real e substancial.

Neste sacramento, pois, Cristo não pode estar presente de outra maneira a não ser pela mudança de toda a substância do pão no seu corpo, e pela mudança de toda a substância do vinho no seu sangue, permanecendo apenas inalteradas as propriedades do pão e do vinho, que percebemos com os nossos sentidos. Esta mudança misteriosa é chamada pela Igreja com toda a exatidão e conveniência *transubstanciação*. Assim, qualquer interpretação de teólogos, buscando alguma inteligência deste mistério, para que concorde com a fé católica, deve colocar bem a salvo que na própria natureza das coisas, isto é, independentemente do nosso espírito, o pão e o vinho deixaram de existir depois da consagração, de sorte que o corpo adorável e o sangue do Senhor Jesus estão na verdade diante de nós, debaixo das espécies sacramentais do pão e do vinho, conforme o mesmo Senhor quis, para se dar a nós em alimento e para nos associar pela unidade do seu Corpo Místico.

A única e indivisível existência de Cristo nosso Senhor, glorioso no céu, não se multiplica, mas se torna presente pelo sacramento, nos vários lugares da terra, onde o sacrifício eucarístico é celebrado. E depois da celebração do sacrifício, a mesma existência permanece presente no Santíssimo Sacramento, o qual, no sacrário do altar, é como o coração vivo de nossas igrejas. Por isso estamos obrigados, por um dever certamente suavíssimo, a honrar e adorar, na sagrada hóstia que os nossos olhos veem, o próprio Verbo Encarnado que eles não podem ver e que, sem ter deixado o céu, se tornou presente diante de nós.

Confessamos igualmente que o Reino de Deus, começado aqui na terra na Igreja de Cristo, não é deste mundo, cuja figura passa, e também que o seu crescimento próprio não pode ser confundido com o progresso da cultura humana ou das ciências e artes técnicas; mas consiste em conhecer, cada vez mais profundamente, as riquezas insondáveis de Cristo, em esperar sempre com maior firmeza os bens eternos, em responder mais ardentemente ao amor de Deus, enfim, em difundir-se cada vez mais largamente a graça e a santidade entre os homens. Mas com o mesmo amor, a Igreja é impelida a interessar-se continuamente pelo verdadeiro bem temporal dos seres humanos. Pois, não cessando de advertir a todos os seus filhos que eles não possuem aqui na terra uma morada permanente, estimula-os também a que contribuam, segundo as condições e os recursos de cada um, para o desenvolvimento da própria sociedade humana; promovam a justiça, a paz e a união fraterna; e prestem ajuda a seus irmãos, sobretudo, aos mais pobres e mais infelizes. Destarte, a grande solicitude com que a Igreja, Esposa de Cristo, acompanha as necessidades dos seres humanos, isto é, suas alegrias e esperanças, dores e trabalhos, não é outra coisa senão o ardente desejo que a impele com força a estar presente junto deles, tencionando iluminá-los com a luz de Cristo, congregar e unir a todos naquele que é o seu único Salvador. Tal solicitude, entretanto, jamais se deve interpretar como se a Igreja se acomodasse às coisas deste mundo, ou se tivesse esfriado no seu fervor com que espera seu Senhor e o Reino Eterno.

Cremos na vida eterna. Cremos que as almas de todos aqueles que morrem na graça de Cristo – quer as que se devem ainda purificar no fogo do purgatório, quer as que são recebidas por Jesus no paraíso, logo que se separam do corpo, como sucedeu com o bom ladrão – formam o Povo de Deus para além da morte, a qual será definitivamente vencida no dia da ressurreição, em que estas almas se reunirão a seus corpos.

Cremos que a multidão das almas, que já estão reunidas com Jesus e Maria no Paraíso, constitui a Igreja do céu, onde desfrutando da felicidade eterna, veem Deus como ele é, e participam com os santos anjos, naturalmente em grau e modo diverso, do governo divino exercido por Cristo glorioso, uma vez que intercedem por nós e ajudam muito a nossa fraqueza, com a sua solicitude fraterna.

Cremos na comunhão de todos os fiéis de Cristo, a saber: dos que peregrinam sobre a terra, dos defuntos que ainda se purificam e dos que desfrutam da bem-aventurança do céu, formando todos juntos uma só Igreja. E cremos igualmente que nesta comunhão dispomos do amor misericordioso de Deus e dos seus santos, que estão sempre atentos para ouvir as nossas orações, como Jesus nos garantiu: "Pedi e recebereis". Professando esta fé e apoiados nesta esperança, aguardamos a ressurreição dos mortos e a vinda do século futuro.

Bendito seja Deus: Santo, Santo, Santo! Amém.

PAULO PP. VI

Pronunciado diante da Basílica de São Pedro, dia 30 de junho do ano de 1968, sexto de nosso Pontificado, por ocasião do encerramento do "Ano da Fé".

I
Cremos em um só Deus, Pai, Filho e Espírito Santo

1. Revelação natural de Deus

Numa noite dessas, subimos no terraço que serve de teto para a nossa casa vaticana, e com a ajuda de uma modesta luneta procuramos o cometa no céu, onde fora indicada a trajetória desse peregrino fugitivo do espaço; e o observamos intensamente. Dir-se-ia: nada de especial. Um ponto luminoso de dimensões, a olho nu, maiores do que aquelas dimensões mínimas do firmamento e do que aquela lá perto do planeta Vênus, sempre brilhante, mas menos esplêndida naquela noite em comparação com o seu passageiro rival.

Mais uma vez admiramos o infinito cenário do céu escuro, pontilhado de centelhas luzentes, e naquela hora valorizado pelo astro passageiro e preanunciado com precisão cronométrica infalível. E mais uma vez experimentamos o sentido do mistério cósmico, o espaço ilimitado, o tempo sem fim, o cenário sideral incalculável, o seu movimento perfeito e inexaurível, o seu silêncio pavorosamente profundo, os fenômenos da matéria hoje exploradíssimos, mas se pode dizer quase ainda desconhecidos: o universo!

E mais uma vez o confronto perturbador e humilhante entre as suas dimensões e as nossas, que são as de um átomo, sem nenhuma proporção com aquelas imensidades que se estendem para todos os lados da realidade existente, nos assustou e quase aniquilou. Depois a reação qualitativa e lógica do espírito: eu penso, conheço, sou, sei; ou melhor, ouso dizer: sei tudo porque esta página imensa comporta apenas uma soberana leitura, um nome impresso por toda parte, um nome onipotente, um nome criador, um nome inefável: "Os céus narram a glória de Deus, e o firmamento proclama a obra de suas mãos" (Sl 18[19],2). Ademais: oh! O céu se enche do canto da glória do Natal; o Verbo do Deus criador do universo chegou pessoalmente a este nosso fragmento do cosmos, que é o mundo; veio à conversação, em linguagem humana, entre nós!

Não mais pavor! Não mais cegueira! Mistério sempre, mas mistério sempre aberto à nossa exploração, à nossa contemplação: "Pai nosso, que estais no céu" [...].

Miremos o céu, irmãos, miremos o universo; e procuremos reencontrar uma primeira riquíssima revelação natural de Deus, representação para nós da segunda sobrenatural revelação. Esta é a verdade não mais dominante e pavorosa, porém, verdade amiga e salvadora.

Assim nos ajude a conquistá-la, a Rainha do Céu.

[13 de janeiro de 1974 – *Angelus Domini*]

2. Deus revela a si mesmo em Cristo

Hoje a Igreja celebra o mistério da Epifania, o desígnio divino segundo o qual "aprouve a Deus, em sua bondade e sabedoria, revelar a si próprio e tornar conhecido o mistério de sua vontade,[1] pelo qual os homens por Cristo, Verbo feito carne, no Espírito Santo têm acesso ao Pai e se tornam partícipes da natureza divina. Mediante esta revelação, portanto, o Deus invisível, levado por seu grande amor, fala aos seres humanos como a amigos e entretém-se com eles para convidá-los e recebê-los em sua comunhão".[2]

É a festa da revelação, da manifestação de Deus numa ordem nova, diferente e superior, que não se opõe àquela do seu conhecimento racional no quadro da natureza; uma manifestação que nos abre de certa maneira, mas já imensamente rica e inefável, a uma visão superior da verdade divina em si mesma; do plano divino a nosso respeito e, portanto, sobre a verdade de nossa existência e de nossa salvação; ela inaugura uma relação maravilhosa sobrenatural entre Deus e o homem, estabelece uma relação vital, uma religião verdadeira, uma comunhão entre a realidade viva e transcendente da divindade e cada um de nós, e também com a humanidade que acolhe o dom, a luz, a vida dessa revelação.

[6 de janeiro de 1969 – Homilia. Epifania]

---

[1] Cf. Ef 1,9.
[2] Constituição conciliar *Dei Verbum*, 2.

3. Aproximar-se de Cristo para conhecê-lo

Assim como no Natal, a Epifania nos chama ao conhecimento de Cristo; a um conhecimento não apenas relativo ao fato histórico do nascimento do Senhor, mas também mais profundo, mais essencial, mais misterioso. Chama-nos a um conhecimento que estimula a alma de quem o acolhe e também de quem, tendo alguma noção dele, voluntariamente o rejeita. É o conhecimento teologal no qual se realiza um processo cognoscitivo fácil, mas abrangente, que termina no ato de fé. Hoje não vos falaremos disto; temos muito a dizer, mas baste-nos chamar a vossa atenção para o grande dever que nasce do fato histórico e real da Encarnação: para cada inteligência humana, o dever de estudar aquele fato, de considerá-lo [...].

Antes de tudo é preciso aproximar-se de Cristo e reconhecer quem ele é. Este é o tema central sobre o qual está construído o Evangelho. Tema ainda hoje, e hoje mais do que nunca, presente à consciência da humanidade que pensa, que estuda, que sofre e que sente que em Jesus Cristo está escondido algum segredo, que atrai, intimida e perturba, que parece explicar tudo e ser impossível: discussões apaixonadas e desconcertantes ainda estão acesas acerca da famosa pergunta que o próprio Jesus fez aos seus discípulos: "Quem as pessoas dizem que é o Filho do Homem?" (Mt 16,13).

Quem é Jesus?

[4 de janeiro de 1967 – Audiência geral]

4. Cristo, o verdadeiro homem

Jesus está no cume das aspirações humanas, é o término das nossas esperanças e das nossas orações, é o ponto focal dos desejos da história e da civilização, ou seja, o Messias, o centro da humanidade [...], o verdadeiro homem, o tipo de perfeição, de beleza, de santidade, posto por Deus para encarnar o verdadeiro modelo, o verdadeiro conceito de homem, o irmão de todos, o amigo insubstituível, o único digno de toda confiança e de todo amor: é o Cristo-homem. Jesus está, ao mesmo tempo, na fonte de toda a nossa verdadeira felicidade; é a luz pela qual o fato de estar no mundo toma proporções, forma, beleza e sombra; é a palavra que tudo define, tudo explica, tudo classifica, tudo redime; é o princípio da nossa vida espiritual e moral; diz o que se deve fazer e dá a força, a graça para fazê-lo; reverbera a sua imagem, antes a sua presença em cada alma que serve de espelho para acolher o seu raio de verdade e de vida, isto é, crê nele e acolhe o seu contato sacramental; é o Cristo-Deus, o mestre, o salvador, a vida [...].

Cristo é a verdadeira e única religião, Cristo é a revelação segura de Deus, Cristo é a única ponte entre nós e o oceano de vida que é a divindade, a Trindade Santíssima, por quem, querendo ou não, fomos criados e à qual estamos destinados.

[3 de fevereiro de 1965 – Audiência geral]

5. O encontro com Cristo, o Messias

Se verdadeiramente, ao celebrar o Natal, entendemos que encontramos Deus feito homem, que o encontramos como um de nós, nessa intenção de se aproximar de nós, de vir em busca de nós, de se ter humanizado por nós, para falar a nós, para entrar no destino da nossa vida, ou seja, para nos salvar, então não podemos mais ficar parados, não podemos não atribuir a tal encontro uma importância decisiva para a nossa própria vida [...].

O encontro com Cristo! Recordemos esse encontro no relato evangélico, que é espelho simbólico da aventura humana toda: sim, não falta neste quadro a indiferença, até a hostilidade de tantos personagens evangélicos, que ao encontro com Cristo opõem a cegueira e a surdez daqueles espíritos materializados, ou reagem como malícia suspeita e com oposição astuta, decidida a suprimir a sua presença importuna.[1]

Mas há quem se apercebe, ao se encontrar com Jesus, de que está diante de um homem prodigioso e incomparável, e chega a declarar com certeza a sua primeira identidade; André é o primeiro a revelar ao irmão Simão (que será depois chamado Pedro): "Encontramos o Messias" (Jo 1,41). O encontro é decisivo; transforma-se em vocação, que Jesus formulará com precisão; e que, neste primeiro estágio, é de todos nós a vocação cristã.

[6 de fevereiro de 1974 – Audiência geral]

---

[1] Cf. Mc 3,6.

6. Cristo vive pelo anúncio e testemunho

O conhecimento de Cristo, seja ele qual for, imediato, sensível, experimental, como foi o dos apóstolos e da geração contemporânea que conviveu com Jesus: "... o que ouvimos, o que vimos com os nossos olhos, o que contemplamos e o que as nossas mãos apalparam... testemunhamos..." (1Jo 1,1-2), ou seja, indireto mediante o anúncio e o testemunho,[1] tem um lugar de destaque, uma posição dominante na vida de quem teve a sorte de se encontrar com ele. Jesus esteve, está e estará presente; destinado a estar sempre, em todos.

Mas de que maneira? De que forma? De simples conhecimento histórico ou científico? De pura memória, como a que é reservada aos personagens que realizaram grandes façanhas, que escreveram obras, que influenciaram as ações no curso dos acontecimentos humanos? Não, não só isso. A questão da presença de Cristo no mundo exterior dos fatos e das instituições e no interior dos corações dos homens está no centro da nossa religião [...].

Limitemo-nos a procurar a sua presença interior, na nossa mente, e pensando de novo em Maria, respondamos: Jesus está presente, antes de tudo, mediante a fé, dentro de nós. Uma palavra de São Paulo diz tudo a este respeito: "Cristo habite pela fé em vossos corações" (Ef 3,17).

[9 de janeiro de 1974 – Audiência geral]

---

[1] Cf. o discurso de Pedro em Atos 2.

7. O Evangelho, força de Deus

O Evangelho não é considerado como um mel espalhado sobre a vida. É bem diferente. Tem toda a doçura e a capacidade de confortar-nos. O Evangelho é fogo, o Evangelho é ousadia, é a força de Deus. Então, se entra em contato conosco através das palavras que escutamos e relemos, é natural que isto nos transtorne e afete os modos costumeiros e irrefletidos da nossa mentalidade habitual. O Evangelho nos diz coisas que parecem irreais: felizes os pobres. A primeira coisa é que ele muda a natureza da felicidade. Esta não consiste nos bens efêmeros, mas no Reino de Deus, na comunicação vital com ele. Portanto: "Buscai em primeiro lugar o Reino de Deus e a sua justiça, e todas estas coisas vos serão dadas em acréscimo" (Mt 6,33).

A segunda novidade introduzida por Jesus é aquela que muda os modos de alcançar a felicidade. Nenhum desejo de riquezas, nenhum egoísmo, ódio, cobiça. Em vez disso é preciso contradizer essas tendências ou paixões, instintos, tentações. Deve-se ir contra a corrente, começando a tornar digna, paciente e sagrada a dor. E então? Ao reler e meditar o discurso das bem-aventuranças, se compreenderá plenamente como ele é a chave da vida cristã; o princípio para demonstrar-se autênticos, verdadeiramente fiéis, efetivamente seguidores de Cristo.

[27 de fevereiro de 1966 – Homilia]

II
Cremos em Jesus Cristo, Filho de Deus, centro da história

8. Jesus, centro da história

Toda a história evangélica, porventura, não tem como centro a Ressurreição? Sem ela, que seriam dos próprios evangelhos que anunciam "a Boa-Nova de Jesus"? Não encontramos, ali, a origem de toda a pregação cristã, desde o primeiro *"kerigma"*, que é precisamente o testemunho da Ressurreição?[1] Não é ela sempre o polo de toda a epistemologia da fé, sem a qual perderia a sua consistência, segundo as próprias palavras do Apóstolo São Paulo: "Se Cristo não ressuscitou..., vã é a vossa fé" (1Cor 15,14)? Não é a própria Ressurreição que, por si mesma, dá sentido à liturgia, às nossas "Eucaristias", assegurando-nos a presença do Ressuscitado que celebramos na ação de graças: "Nós proclamamos a tua morte, Senhor Jesus, nós celebramos a tua Ressurreição, nós esperamos a tua vinda na glória"?

Sim, toda a esperança cristã está fundada na Ressurreição de Cristo sobre a qual está "ancorada" a nossa própria ressurreição com ele. Muito mais, já ressuscitamos com ele:[2] toda a nossa vida cristã está tecida por esta inabalável certeza e por esta realidade escondida, com a alegria e o dinamismo que elas criam.

[4 de abril de 1970 – Simpósio Internacional de Teologia – Roma]

---

[1] Cf. At 2,32.
[2] Cf. Cl 3,1.

9. A obra redentora de Cristo

A obra redentora de Cristo, consumada por meio da cruz, assume a importância de uma ideia dominante na teologia e espiritualidade do Concílio. Referimo-nos à expressão "mistério pascal", com a qual se pretendem explicar, sinteticamente, os principais fatos que constituem a obra salvadora de Cristo, ou seja, a sua Paixão e Morte, e também a sua Ressurreição e Ascensão ao céu. Estes fatos não só se verificaram na santa humanidade do Senhor Jesus, mas também se realizaram com a intencional e amorosa virtude de serem comunicados a quem tem fé nele.[1] Mistério Pascal significa a passagem (a palavra Páscoa significa *Phase*, isto é, trânsito, passagem do Senhor[2]) da morte à vida, do estado presente da existência ao estado sobrenatural, escatológico, consumado por Cristo, por meio da sua paixão, através do vau da sua morte, e celebrado, depois, mediante a sua ressurreição e a sua ascensão à direita do Pai. Esta passagem tornou-se possível a nós, e até nos foi oferecida, por meio da fé, dos sacramentos e da imitação de Cristo.

A cruz, portanto, não nos descreve toda a realidade da salvação. Esta também compreende a vida nova, que vem depois da tragédia do Calvário, constitui a glória de Cristo.[3]

[15 de setembro de 1971 – Audiência geral]

---

[1] Cf. *Sacrosanctum Concilium*, 5; Rm 4,23-25.
[2] Cf. Ex 12,11.
[3] Cf. Jo 13,1.

10. Decidir-se por Jesus

Para todos os que têm o senso da vida orante da Igreja, hoje, domingo de Ramos, é um dia espiritualmente decisivo. Pois se trata de decidir se reconhecemos Jesus como o verdadeiro e único Messias, se o aceitamos, o celebramos e o seguimos como verdadeiramente é, como o Cristo, como o enviado de Deus, o próprio Deus, Filho do Pai, que veio ao mundo para dar-lhe luz, para salvá-lo, para infundir nos crentes uma esperança nova, um princípio divino de vida, que vencerá a morte e nos tornará dignos da sua ressurreição, o nosso feliz destino final. Numa única palavra, trata-se de decidir se queremos "fazer a Páscoa".

Este domingo, que precede o solene domingo da Páscoa, deveria por isso infundir em nós uma nova psicologia, a psicologia da conversão antes de tudo; e depois a de nos sentirmos cristãos, ou seja, seguidores coerentes e corajosos de Cristo, libertos da indiferença, da apatia, do medo de ser cristãos; e desejosos de o ser no amor de Deus e no amor do próximo, dos humildes e dos pobres especialmente.

Tudo isso, como vedes, é muito sério, é muito importante, para cada um de nós; e depois para toda a sociedade em que vivemos, e que é a nossa; nossa, mesmo se às vezes nos proporciona incômodos e amarguras; porque nela, que é o nosso próximo, devemos encontrar aquele Cristo a quem estamos buscando e celebrando.

[30 de março de 1969 – *Angelus Domini*]

11. Jesus é proclamado Messias

Desta vez Jesus quer ser reconhecido e aclamado, pois, quando alguns fariseus (hipocritamente solícitos pela ordem pública, mas na realidade contrariados por todo o povo andar atrás dele),[1] disseram-lhe: "Mestre, repreende os teus discípulos", Jesus retorquiu: "Eu vos digo que, se eles se calarem, as pedras gritarão" (Lc 19,39-40).

Por que esta nova atitude do Senhor? Jesus quer entrar em Jerusalém, naqueles dias repleta de gente, vinda talvez até de longe para a celebração próxima da Páscoa judaica, de uma maneira nova, em forma, digamos assim, oficial. Ele sabe o que o espera, confiou-o aos discípulos: "Vamos subir a Jerusalém, e o Filho do Homem (ou seja, o próprio Jesus) vai ser entregue aos sumos sacerdotes e aos escribas, que o condenarão à morte e o entregarão aos pagãos para o escarnecerem, açoitarem e crucificarem..." (Mt 20,18-19).

Ele começa assim a sua paixão e quer pôr em evidência não só o seu aspecto livre e voluntário,[2] mas também o seu aspecto messiânico. Jesus, antes de consumar o seu sacrifício, porque tal é a sua morte, a sua imolação, quer revelar finalmente e de modo claro quem ele é e qual a sua missão. Ele é o Messias e, como tal, quer ser reconhecido, livre e entusiasticamente, pelo seu povo.

[22 de março de 1970 – Homilia. Domingo de Ramos]

---

[1] Cf. Jo 12,19.
[2] Cf. Is 53,7; Hb 9,14; Ef 5,2.

12. Memorial, paixão, caridade de Cristo

Esta é uma hora decisiva, a hora da fé, a hora que aceita integralmente, embora incompreensível, a palavra de Jesus; a hora em que celebramos o "mistério da fé", a hora em que repetimos com cego e consciente abandono a resposta de Pedro: "Senhor, a quem havemos nós de ir? Só tu tens palavras de vida eterna; e nós cremos e sabemos que tu és o Santo de Deus" (Jo 6,68-69). Sim, irmãos e filhos, esta é a hora da fé que absorve e desfaz a nuvem obscura e imensa das objeções, [...] que humilde e alegremente se deixa fulminar pela palavra luminosa do Mestre e lhe diz tremendo como o suplicante do Evangelho: "eu creio, mas ajuda a minha incredulidade" (Mc 9,24). Há quem não considere esta pergunta, quase para não descobrir uma nova e maravilhosa verdade. Mas não nos podemos deter sem recolher o último tesouro do testamento de Jesus. Tudo no-lo obriga a fazer, porque tudo naquela última noite de sua vida temporal foi extremamente intencional e dramático. É suficiente observar este aspecto da última ceia, para nunca mais terminar esta meditação. A tensão espiritual quase tira a respiração.

O aspecto, a palavra, os gestos, os discursos do Mestre manifestam com exuberância a sensibilidade e a profundidade de quem está próximo da morte. Ele a sente, a vê, a exprime. Duas notas suplantam as outras nesta atmosfera atônita, que se tornou silenciosa com os atos e os presságios do Mestre: amor e morte.

O lava-pés, o exemplo impressionante de amor humilde, o mandato último e novo: amai-vos como eu vos amei; e aquela angústia pela traição iminente, aquela tristeza que transparece nas palavras e nas atitudes do Mestre, a efusão mística e encantadora das suas últimas palavras, quase solilóquios, que transbordam de um coração que se abre, com confidências extremas: tudo isto se concentra na ação sacramental, há pouco recordada: corpo e sangue!

Sim, amor e morte estão neles figurados. Uma só palavra os exprime: sacrifício. Palavra que significa morte, morte cruenta, a morte que havia de separar o sangue do corpo de Cristo; que significa imolação, vítima. Vítima voluntária, vítima consciente, vítima por amor, oferecida a nós e que deve ser recordada como anunciadora da morte de Jesus, do seu sacrifício eterno, até que ele volte no fim dos tempos.[1]

Cristo selou num rito, renovável pelos seus discípulos, constituídos apóstolos e sacerdotes, a oferta de si mesmo, vítima ao Pai, pela nossa salvação, pelo nosso amor. É a missa. É o exemplo, é a fonte do amor que se dá até a morte. É a Quinta-feira Santa, que estamos a recordar e a celebrar. É o coração e o paradigma da vida cristã. É o mandato, o memorial, a paixão, a caridade de Cristo que se transfunde na sua Igreja, em nós, para que possamos viver dele, por ele e nele.[2]

[26 de março de 1970 – Homilia. Missa na "Ceia do Senhor"]

---

[1] Cf. 1Cor 11,26.
[2] Jo 6,57.

13. A cruz de Cristo

Acaso não é uma honra levar a cruz? Todos nós não desejamos tal ventura? No entanto, este não é o nosso estado de ânimo habitual porque, comumente, somos rebeldes e procuramos evitar o convite que a cruz, com os seus braços abertos, dirige a nós. Na realidade é duro colocar a cruz nas coisas. Por isso, agora, o convite a refletir por um instante: o que significa carregar a cruz?

Quer dizer, antes de tudo, reconhecer que pela cruz fomos salvos. Este pensamento nos é tão habitual que nem sempre desperta a devida maravilha, mas esta hora é extremamente propícia para nos perguntarmos como o Senhor, que podia salvar-nos de cem maneiras diferentes, o fez mediante esta dolorosíssima, desonrosa, atormentadora, paradoxal maneira: com a cruz [...]?

Participar da cruz de Cristo quer dizer receber o benefício que a cruz nos obteve, ou seja, a misericórdia de Deus e, portanto, a nossa salvação. A bondade do Senhor se revelou a nós desta maneira; ele a escolheu para nos redimir. Abriu para nós o seu coração, e a caridade de Deus se manifestou, junto com o seu desejo de nos substituir nas nossas responsabilidades e nos sofrimentos que teríamos de suportar pelas nossas faltas. E, portanto, o dom da misericórdia que aceitamos quando dizemos que queremos tomar em nossos braços a cruz de Cristo.

[8 de abril de 1966 – Homilia. *Via crucis* no Coliseu]

14. Vigília pascal

Estamos celebrando uma vigília; contudo, ela toca a solenidade da qual é digno prefácio. As grandes coisas nunca acontecem de improviso na nossa história humana. Nunca conseguimos compreender tudo através da intuição e sem o esforço de alguma predisposição consciente. A quaresma é exatamente o ciclo preparatório para o epílogo desta hora noturna, rica de uma força e intensidade particulares. A vigília, ou seja, a atenção ascética, o exercício da nossa vontade, o empenho de todas as nossas faculdades, memória, sentimentos, propósitos, dirige cada elemento para o ponto mais alto do mistério pascal.

O Senhor usou uma pedagogia progressiva para nós e nos amou, nos instruiu; e, finalmente, eis a Páscoa na qual ele ainda se concede, vem ao nosso encontro e quer que sejamos capazes de recordar dignamente as preparações celestes e exaltar os grandes mistérios vitais. Podemos observar em que se resume tal celebração no seu significado final. Acendemos há pouco o círio pascal, benzemos a água do Batismo e renovamos as promessas batismais; enfim, irrompe o Aleluia... Vemos o contraste noturno entre as trevas exteriores e a luz, entre a morte e a vida, entre o pecado e a graça, entre a felicidade de quem está em contato com a própria vida, Deus, e a escuridão de quem não está. Este dualismo, numa palavra, é o grande tema da vigília pascal.

Quem acompanhou o canto do *Exultet*, que é, talvez, o mais lírico e o mais belo dos cânticos da liturgia cristã, terá sentido ecoar as palavras e os ensinamentos da primeiríssima teologia, a de São Paulo, que encontrou nas fórmulas de Santo Agostinho e de Santo Ambrósio as suas expressões mais altas e paradoxais:

"*O felix culpa*"! Era necessário que o homem caísse para ter tão grande Redentor. Não teria servido para nada a vida natural se não nos tivesse sido depois concedida a vida sobrenatural. O dualismo, portanto, entre trevas e luz, entre a vida e a morte, entre a história do Cristo que sofre e dá a vida por nós e, por isso, a recupera para abrir-nos o caminho para a eternidade. Tudo isto deve oferecer às nossas almas assunto de reflexão e cumular a nossa mente com uma multidão de pensamentos, que retomam a sua ordem remontando precisamente ao dualismo do bem e do mal, da graça e do pecado, da vida e da morte.

Esta é a conclusão destas premissas: nós reconhecemos com alegria e gratidão o fato de termos sido salvos. Esta é toda a nossa história, a nossa salvação é guiada por um prodígio único: a misericórdia de Deus, a qual gratuitamente nos redime para derramar em nós a revelação suprema daquilo que ele é: bondade infinita.

[9 de abril de 1966 – Homilia. Vigília pascal]

15. Cristo ressuscitou

Cristo ressuscitou!

Este, sim, é o grito da fé; mas é o testemunho de uma verdade real, que enche o mundo com a glória de Nosso Senhor Jesus Cristo, e enche os seres humanos com a luz da esperança!

É o princípio de uma vida nova, de uma regeneração da humanidade, de uma ressurreição de toda nossa enfermidade pessoal e social! [...] A ressurreição de Cristo é o farol da unidade espiritual e moral da humanidade. Unidade dos homens com Deus, reconciliados com ele mediante aquele prodígio de misericórdia e de amor, que é a redenção para nós sofrida e a nós oferecida por Cristo.

Unidade dos crentes na profundidade das suas consciências inundadas pela graça, pela paz e pela alegria de Cristo mesmo. Unidade dos homens entre eles, porque, tornados seguidores do único Mestre e capazes de amor superior, encontram agora a felicidade em se amar e se fazer o bem reciprocamente.

Falamos com confiança desta possível vitória da unidade, no amor e na justiça, na liberdade e no progresso, porque a isso nos conforta o mistério pascal, eterna primavera da história, que floresce, também neste ano, na terra fecundada pela ressurreição feliz do Senhor.

[10 de abril de 1966 – Mensagem *Urbi et Orbi*. Páscoa]

16. Testemunhas da ressurreição

Aquele Jesus, que nasceu em Belém da Virgem Maria, que foi vaticinado pelos profetas e foi mestre no meio do povo de Israel, que por alguns foi reconhecido e amado, por muitos rejeitado, e depois execrado, condenado, crucificado, morto e sepultado, ressuscitou, ressuscitou verdadeiramente, na manhã do terceiro dia; recobrou vida verdadeira, nova, sobrenatural, vencendo para sempre a grande inimiga, a morte. Ressuscitou. Como podemos fazer ressoar no mundo tal notícia?

Irmãos e filhos, escutai! Somos testemunhas desse fato. Somos a voz que se perpetua de ano em ano na história, somos a voz que se difunde em círculos cada vez mais largos no mundo, somos a voz que repete o testemunho irrefutável daqueles que por primeiro o viram com seus próprios olhos e o tocaram com as suas mãos e avisaram a novidade e a realidade do fato triunfante sobre os esquemas de toda experiência natural; somos os transmissores, de uma geração a outra, de um povo ao outro, da mensagem de vida da ressurreição de Cristo. Somos a voz da Igreja, para isso fundada, para isso difundida na humanidade, para isso militante, para isso viva e esperançosa, para isso pronta a confirmar com o seu sangue a sua palavra. É a mensagem da fé que, como trombeta do anjo, toca ainda hoje no céu e na terra: ressuscitou! Cristo ressuscitou.

[29 de março de 1964 – Mensagem *Urbi et Orbi*. Páscoa]

17. Vida ressuscitada em Cristo

Hoje daremos da luz pascal apenas um raio para todos aqueles que o quiserem acolher, como augúrio, como dom, como sinal pelo menos da nossa suma dileção [...].

É o primeiro raio da Páscoa, ou seja, da vida ressuscitada em Cristo, e em nós, que queremos ser cristãos; e é a alegria. O cristianismo é alegria. A fé é alegria. A graça é alegria. Lembrai-vos disto, ó homens, filhos, irmãos e amigos. Cristo é a alegria, a verdadeira alegria do mundo.

A vida cristã, sim, é austera; ela conhece a dor e a renúncia, exige a penitência, faz seu o sacrifício, aceita a cruz e, quando for preciso, enfrenta o sofrimento e a morte. Mas na sua expressão definitiva, a vida cristã é felicidade. Lembrai-vos do discurso programático de Cristo, exatamente sobre as bem-aventuranças. De modo que ela é substancialmente positiva; é libertadora, purificadora, transformadora: tudo nela se reduz a bem, tudo, por isso, dá felicidade na vida cristã.

Ela é humana. É mais que humana, invadida como é pela presença viva e inefável, pelo Espírito Consolador, o Espírito de Cristo, que a conforma, a sustenta, a habilita a coisas superiores, a dispõe a crer, a esperar e amar. É soberanamente otimista. É criativa. É feliz hoje, na espera de uma plena felicidade amanhã.

O fato da ressurreição de Cristo diz respeito, sim, à sua história, que é o Evangelho, diz respeito à sua vida, que se manifestou humana e divina, viva na pessoa do Verbo de Deus; mas diz respeito também a nós.

Em Jesus se realiza o desígnio de Deus; o mistério, escondido por séculos, da redenção da humanidade, é revelado; em Cristo somos salvos. Em Cristo se concentram os nossos destinos, em Cristo se resolvem os nossos dramas, em Cristo se explicam as nossas dores, em Cristo se perfilam as nossas esperanças. A ressurreição do Senhor não é um fato isolado, mas diz respeito a toda a humanidade; de Cristo se estende ao mundo, tem uma importância cósmica. E é maravilhoso: aquele prodigioso acontecimento se reflete sobre todo homem vindo a este mundo com efeitos diversos e dramáticos; reveste-se de toda a árvore genealógica da humanidade.

Cristo é o novo Adão, que infunde na circulação frágil, mortal da vida humana natural um princípio de regeneração purificadora, um germe de imortalidade, uma relação de comunhão existencial com ele, Cristo, até participar com ele, no fluxo do seu Espírito Santo, na própria vida do infinito Deus que, em virtude sempre de Cristo, podemos chamar de maneira feliz "Pai nosso".

É preciso refletir muito sobre este valor universal da ressurreição de Cristo; deste valor deriva o sentido do drama humano, a solução do problema do mal, a gênese de uma nova forma de vida, que se chama exatamente cristianismo. Recordai o canto do diácono no início da cerimônia desta noite, um canto que é o poema mais alto sobre os destinos humanos; assim que se refere à sua fonte, ou seja, à ressurreição de Cristo, para se estender imediatamente em imensas e incomparáveis efusões sobre a história da salvação, que é a história na qual estamos todos inevitavelmente interessados. Descoberta esta nossa solidariedade com a ressurreição do Senhor, jorram muitas consequências, todas grandes, todas admiráveis, sendo uma delas esta: a restauração – talvez possamos dizer a ressurreição – do sentido religioso na consciência dos homens. No fato real da ressurreição de Cristo se funda a religião, que dele toma o nome e a vida; e é tal a luz, a força, a felicidade, a santidade que brotam da fé acesa por ele no mundo, que a religião cristã oferece não apenas plenitude de paz e de alegria a quem a professa de coração, mas irradia em redor de si um convite, provoca um desejo, gera uma inquietação, apresenta um alvo, os quais manteriam desperto para sempre o problema religioso no mundo.

[29 de março de 1964 – Mensagem *Urbi et Orbi*. Páscoa]

18. A experiência de Emaús

O augúrio, que se faz anúncio do mistério pascal, tende a entrar nos vossos espíritos como uma palavra surpreendente e viva, que se dirige ao fundo das consciências para despertá-las, para comovê-las, para convidá-las a uma resposta maravilhada, a uma comunhão confiante, a uma espécie de concelebração do próprio mistério. Este anúncio penetra como uma fulguração, um relâmpago nos corações, como para obrigar os olhos interiores do pensamento e do sentimento a se abrirem e para inundar de vigor novo e de visões novas o sentido que cada um tem da própria vida.

É a força, é a alegria, é a graça que entram na alma de quem ouve humilde e fiel o anúncio pascal, e lhe dá não só a impressão, mas também o carisma secreto da renovação, da descoberta em Cristo ressuscitado de dois termos muitas vezes obscuros para nós, tormentosos e separados, que de repente se tornaram claros e unidos: o homem e Deus; com quanto de luz, de alegria, de esperança pode acompanhar uma descoberta semelhante.

Recordai os dois discípulos que, andando tristes e desalentados, ao anoitecer, para Emaús, são acompanhados pelo misterioso viajante, que lhes fala, recordando as Escrituras, do drama do Messias doloroso e glorioso? "Não nos ardia o coração – comentam eles depois – quando pelo caminho nos falava e explicava as Escrituras?" (Lc 24,32).

[14 de abril de 1965 – Audiência geral]

19. Cristo Senhor e centro do cosmos

Temos o dever de preparar as nossas almas para a celebração deste mistério [da Ascensão], o qual transfere o nosso culto a Jesus Cristo, desde a ceia terrestre, que o Evangelho nos descreve, para a ceia celeste, onde o nosso olhar se perde atrás dos rastros luminosos que ele nos deixou de sua luminosa caminhada, e que as últimas páginas do Novo Testamento nos permitem entrever, em imagens simbólicas e proféticas, que exaltam e confundem as nossas mentes ainda inaptas para as visões do reino dos céus.

Devemos nos lembrar, primeiro, de que Cristo agora "está sentado à direita do Pai", quer dizer, num estado de vida nova, plena, gloriosa, poderosa; ou seja, no vértice transcendente das hierarquias das criaturas físicas e espirituais, "acima de qualquer título que se possa dar – como escreve São Paulo – não só no presente, mas também no futuro" (Ef 1,21).

De fato, ele agora torna visível no céu toda a majestade do seu ser: "Ele é a imagem do Deus invisível, o primogênito de toda criatura, porque nele foram criadas todas as coisas nos céus e na terra, as visíveis e as invisíveis... Tudo foi criado por ele e para ele. Ele é antes de tudo e tudo subsiste nele. Ele é a cabeça do corpo, que é a Igreja; ele é o princípio, o primogênito de entre os mortos, para ocupar em tudo o primeiro lugar..." (Cl 1,15-18). É o Cristo glorioso, o Cristo Senhor e centro do cosmos, o alfa e o ômega do universo, no qual resplandece a conclusão da encarnação.

[26 de maio de 1965 – Audiência geral]

III
Cremos no Espírito Santo, que é Senhor e dá a vida

20. Realidade misteriosa

O Espírito Santo é o princípio divino animador da Igreja. Ele dá vida, como cantamos no Credo da missa. É vivificador. É unificador. É iluminador. É atuante. É consolador. É santificador. Numa palavra, confere à Igreja esta nota, esta prerrogativa de ser santa.

A Igreja é santa em dois sentidos: porque é receptiva do Espírito Santo, quer dizer, é invadida pela graça, pela vida sobrenatural, que torna as almas únicas, que estão na graça de Deus, um templo da presença divina, e faz de toda a Igreja sede, a "casa de Deus" na terra. Além disso, o Espírito Santo se serve da Igreja como de seu órgão, de seu instrumento para comunicar-se às almas, ao mundo, e isso especialmente formando na Igreja um ministério, um veículo, um serviço, através do qual normalmente, na ação sacramental e no exercício do magistério, o Espírito Santo se difunde na Igreja, anima e santifica aquela humanidade, que é assumida para formar o Corpo místico de Cristo. Esta é uma grande doutrina.

É a grande e misteriosa realidade das relações vitais, instauradas por Cristo entre o homem e Deus. É na sua essência, profunda e inefável, a religião, a verdadeira religião, a verdadeira relação que, no Espírito Santo, por mérito de Cristo, nos une ao Pai.

[20 de maio de 1964 – Audiência geral]

21. Um Consolador para todos

Hoje, Pentecostes, a Igreja celebra o seu nascimento, isto é, aquela animação que faz o Corpo místico de Cristo, que é exatamente a Igreja, viver da graça, viver de amor divino, viver de caridade. Para sintetizar, lembremos as palavras de São Paulo: "O amor de Deus se derramou em nossos corações pelo Espírito Santo" (Rm 5,5), porque no mistério do único Deus, do Pai e do Filho, procede, por ato de infinito amor, o Espírito Santo, e ao Espírito é atribuída a ação vivificante e santificante do amor de Deus nos nossos corações. Teologia conclusiva do mistério pascal e teologia inicial da história da salvação da humanidade, ela é doutrina luminosa que recomendamos à vossa vida espiritual, e que hoje enunciamos com uma simples expressão do próprio Apóstolo: "Não extingais o espírito" (1Ts 5,19). Expressão que se poderia traduzir com esta outra: é preciso viver com entusiasmo a autenticidade da nossa profissão cristã [...].

E nós oramos a fim de que o fogo de Pentecostes se derrame especialmente sobre a juventude da nova geração: está na hora de recomeçar uma vivência evangélica militante! Assim pedimos que a alegria deste dia feliz chegue a todos os que estão no sofrimento, na solidão, na tristeza: o Espírito de Cristo é consolador para todos.

[2 de junho de 1974 – *Regina coeli*]

22. A ação do Espírito Santo

Depois da vinda do Espírito Santo, no dia de Pentecostes, os apóstolos partiram para todas as partes do mundo a fim de começarem a grande obra da evangelização da Igreja; e Pedro explica o acontecimento como sendo a realização da profecia de Joel: "Eu derramarei o meu Espírito" (At 2,17). Mais tarde, Paulo é cheio do Espírito Santo antes de se dedicar ao seu ministério apostólico, e do mesmo modo Estêvão, quando foi escolhido para a diaconia e, algum tempo depois, para o testemunho do martírio.[1] O mesmo Espírito que impele Pedro, Paulo ou os doze a falar, inspira-lhes as palavras que eles devem proferir e desce também "sobre todos os que ouviam a sua palavra" (At 10,44). Repleta do "conforto do Espírito Santo", a Igreja "ia crescendo".[2] O Espírito é a alma desta Igreja. É ele quem faz com que os fiéis possam entender os ensinamentos de Jesus e o seu mistério.

É ele quem ainda hoje, como nos inícios da Igreja, age em cada um dos evangelizadores que se deixa possuir e conduzir por ele, e põe na sua boca as palavras que sozinho não poderia encontrar, ao mesmo tempo que predispõe a alma daqueles que escutam a fim de torná-la aberta e acolhedora para a Boa-Nova e para o Reino anunciado. As técnicas da evangelização são boas, obviamente, mas ainda as mais aperfeiçoadas não poderiam substituir a ação discreta do Espírito.

[8 de dezembro de 1975 – *Evangelii nuntiandi*, 75]

---

[1] Cf. At 6,5.10; 7,55.
[2] At 9,31.

23. O Espírito age na evangelização

Nós vivemos na Igreja um momento privilegiado do Espírito. Procura-se por toda parte conhecê-lo melhor, tal como a Escritura o revela. De bom grado as pessoas se colocam sob a sua moção. Fazem-se assembleias em torno dele. Aspira-se, enfim, a deixar-se conduzir por ele. É um fato que o Espírito de Deus tem um lugar eminente em toda a vida da Igreja; mas é na missão evangelizadora da mesma Igreja que ele mais age. Não foi por acaso que o grande início da evangelização sucedeu na manhã do Pentecostes, sob a inspiração do Espírito.

Pode-se dizer que o Espírito Santo é o agente principal da evangelização: é ele, efetivamente, que impele para anunciar o Evangelho, como é ele que no mais íntimo das consciências leva a aceitar a Palavra da salvação. Mas pode-se dizer igualmente que ele é o termo da evangelização: de fato, somente ele suscita a nova criação, a humanidade nova que a evangelização há de ter como objetivo, com a unidade na variedade que a mesma evangelização intenta promover na comunidade cristã. Através dele, do Espírito Santo, o Evangelho penetra no coração do mundo, porque é ele que faz discernir os sinais dos tempos, os sinais de Deus, que a evangelização descobre e valoriza no interior da história.

[8 de dezembro de 1975 – *Evangelii nuntiandi*, 75]

24. A vida interior

O homem moderno, diremos com a comparação de um filósofo deste tempo, saiu de casa e perdeu a chave para entrar de volta; está "fora de si". Que não aconteça isto com o cristão! Lembremo-nos das repetidas palavras do ensino apostólico, que nos convidam a considerar o homem que está dentro, o homem interior, o homem escondido no coração;[1] sabendo que devemos ser fortemente fortalecidos pelo Espírito de Cristo no homem interior para que "Cristo habite pela fé em nossos corações" (Ef 3,17).

Esta valorização da vida interior é de suma importância porque é impossível que o plano divino da nossa vocação à participação na vida divina mediante a graça, e da nossa missão para a difusão do Reino de Deus entre nossos irmãos, se realize sem esta nossa primeira acolhida pessoal do Espírito, que nos faz cristãos, que é exatamente a vida interior [...].

Sabei quão delicada e perene pedagogia devemos aplicar a nós mesmos para concentrar no silêncio exterior e interior a nossa meditação, e para adquirir alguma capacidade de oração e de colóquio com a misteriosa presença de Deus. Sabei que senso de sagrado está dentro de nós, templos que somos do Espírito Santo,[2] sentido do sagrado que devemos cultivar em nós mesmos para sermos, como agora se diz, autênticos; autênticos cristãos e promotores do Reino de Deus.

[16 de agosto de 1967 – Audiência geral]

---

[1] Cf. 2Cor 4,16; Rm 7,22.
[2] Cf. 1Cor 3,16-17.

25. Amor vivificante

Como tendes celebrado a festa de Pentecostes? Procurastes meditar como o acontecimento prodigioso, narrado nos Atos dos Apóstolos, está na origem da Igreja, não só como um fato histórico importante, mas também como um princípio vital, como o início da animação sobrenatural da Igreja, como a fonte de um milagre permanente, o milagre da infusão do Espírito Santo nos apóstolos e nos crentes com vistas à formação de Cristo nas suas vidas individuais e na comunidade inteira, unida mas inteiramente diferenciada e hierárquica, que se chama a Igreja?

Tendes pensado que aquele fato continua, se difunde no tempo, se estende sobre a terra, até onde chega a fé e a graça, e que interessa profundamente a cada um de vós? Tendes refletido que a efusão do Espírito Santo chegou a cada uma das vossas almas, penetrou no âmbito interior da vossa psicologia e vos deu acesso à vida divina?

Uma das páginas mais misteriosas e mais maravilhosas do nosso catecismo é exatamente aquela que se refere à comunicação do Espírito Santo aos fiéis, produzindo neles um estado novo, o estado de graça, com toda a consequência das atitudes ativas, as virtudes infusas e os dons e os frutos espirituais, com os quais aquela animação divina enriquece as almas que têm a inestimável sorte de serem invadidas pelo Amor vivificante e santificante.

[17 de maio de 1967 – Audiência geral]

26. Como receber o dom de Deus

A necessidade da graça supõe uma carência imprescindível por parte do homem; a precisão de que o prodígio de Pentecostes deva continuar na história da Igreja e do mundo [...]. Agora nos limitaremos a recordar as condições principais por parte do homem para receber o dom de Deus por excelência, que é exatamente o Espírito Santo, o qual, nós sabemos, "sopra onde quer" (Jo 3,8), mas não rejeita os anelos de quem o espera, o chama e o acolhe (ainda que esse anelo provenha de uma inspiração sua íntima). Quais são essas condições? Simplifiquemos a difícil resposta dizendo que a capacidade de receber esse "dulcis hospes animae" exige a fé, exige a humildade e o arrependimento, exige normalmente um ato sacramental; e na prática da nossa vida religiosa reclama o silêncio, o recolhimento, a escuta e, sobretudo, a invocação, a oração, como fizeram os apóstolos com Maria no Cenáculo. Saber esperar, saber chamar: Vinde, Espírito criador... Vinde, Espírito Santo!

Se a Igreja souber entrar numa fase de semelhante predisposição para a nova e perene vinda do Espírito Santo, ele, a "luz dos corações", não tardará a conceder-se, para a alegria, a luz, a força, a virtude apostólica e a caridade unitiva, de que hoje a Igreja tem precisão.

[16 de outubro de 1974 – Audiência geral]

27. Espiritualidade do amor

Para quem quiser viver com a Igreja e da Igreja resta o grande mistério da sua animação pela força do Espírito Santo, animação que o Concílio magnificou enormemente, e que nos obriga a avaliá-lo em seu justo valor lá onde ele está presente e agindo: na oração, na meditação, na consideração da presença de Cristo em nós,[1] na apreciação suprema da caridade, o grande e o primeiro carisma,[2] na guarda ciumenta do estado de graça. A graça é a comunhão da vida divina em nós. Por que agora se fala tão pouco dela? Por que parece que se lhe dá tão pouca importância, mais preocupados em enganar a si mesmos sobre a liceidade de toda experiência proibida e suprimir em si mesmo o sentido do pecado, do que em defender na sua própria consciência o testemunho interior do paráclito?[3] Filhos caríssimos, exortamos-vos a esta espiritualidade; não é uma espiritualidade puramente subjetiva, não é fechada à sensibilidade das necessidades alheias, não é inibição da vida cultural e exterior a todas as suas exigências. É a espiritualidade do amor que é Deus, à qual Cristo nos iniciou, e que o Espírito Santo cumula com os seus sete dons da maturidade cristã.

[26 de março de 1969 – Audiência geral]

---

[1] Cf. Ef 3,17.
[2] 1Cor 12,31.
[3] Cf. Jo 15,26.

IV
Cremos em Maria, Mãe do Verbo Encarnado e Mãe da Igreja

28. Filha predileta do Pai

Maria nos é apresentada pelo Concílio não como uma figura solitária que se destaca num céu vazio, mas como uma criatura muito singular, muito bela e muito santa, exatamente pelas relações divinas e misteriosas que a circundam, que definem o seu ser único e a enchem de luz, como não nos foi dado admirar alhures numa simples criatura, numa irmã de nossa humanidade. Cada um de nós, na ordem da criação e da graça, se encontra em determinadas relações com a divindade.

Em Maria, essas relações se elevam a um grau de plenitude indescritível; as palavras que as enunciam são tão densas que se aprofundam no mistério. Conhecemos estas palavras, mas escutemo-las pronunciadas pelo Concílio: Maria "foi enriquecida com a excelsa missão e dignidade de Mãe do Filho de Deus (feito homem); é, por isso, filha predileta do Pai e santuário do Espírito Santo e, por este insigne dom da graça, supera em excelência todas as demais criaturas do céu e da terra".[1]

Não se pode contemplar Nossa Senhora sem ver e adorar o quadro divino, trinitário, no qual ela se situa; a transcendência divina reluz diante dos nossos olhos deslumbrados por poder contemplar de algum modo esta filha da nossa "descendência de Adão".[2]

[29 de maio de 1968 – Audiência geral]

---

[1] Cf. *Lumen gentium*, 53.
[2] Ibidem.

29. A mais próxima de Cristo

A Virgem Santa – quem não sabe disto? – é toda de Cristo: dele, para ele, com ele. Não podemos, nem sequer por um instante, esquecer essa relação, que define Maria, Mãe de Jesus, vivificada e viva por sua palavra, associada à sua paixão; relação que explica todas as suas prerrogativas [...].

O Concílio multiplica os seus ensinamentos exatamente acerca da posição privilegiada e da função única de Maria no mistério de Cristo. Assim como não podemos fazer uma ideia de Cristo sem nos referirmos às supremas verdades evangélicas da sua encarnação e da sua redenção, assim também não podemos prescindir da presença e do mistério que, na realidade desses fatos evangélicos, Maria é chamada a cumprir.

Nenhuma criatura evangélica foi mais próxima de Cristo, mais sua e mais cumulada de graça; nenhuma foi tão unida a Cristo como Maria, sua Mãe, e nenhuma foi tão amada por Cristo como aquela que virginalmente o gerou por obra do espírito Santo; aquela que acolheu a sua palavra com o "fiat", pelo qual ficou marcada toda a vida da Virgem Santíssima; aquela que participou voluntariamente de todo o mistério da salvação de Cristo.[1]

Ninguém teve tanta fé em Cristo: "Feliz é aquela que acreditou" (Lc 1,45). Ninguém como ela teve tanta confiança na bondade atuante de Jesus.[2]

[29 de maio de 1968 – Audiência geral]

---

[1] Cf. *Lumen gentium*, 61.
[2] Cf. Jo 2,5.

30. A lâmpada e a luz

A lâmpada é bela se tem a sua luz; e a luz de Maria é Cristo, que ela carregou em seu ventre e gerou para nós. Se afastássemos Maria de Cristo, o culto a Maria perderia a sua razão de ser. E como não devemos nunca separar Maria de Jesus, mas ver a dignidade dela emanar do próprio Cristo e divisar os motivos que a tornam tão singular precisamente na sublime honra de ser a mãe de Cristo, ligada a ele por relações vitais, ou seja, através da encarnação, o mistério augusto que é princípio de toda a nossa fé; assim, ao mesmo tempo, não deveremos iguálá-la a Cristo nas expressões do nosso respeito [...].

Cristo é o único mediador, a única fonte de graça. A própria Virgem Maria é tributária a Cristo de tudo o que possui. É a "Mater divinae gratiae" porque a recebe do Senhor. Torna-se, portanto, indispensável saber harmonizar os dois conceitos: a união de Maria com Cristo, união excepcional, fecundíssima, belíssima; e a transcendência de Cristo também com respeito a Maria.

É o que ela mesma proclamou no seu canto sempiterno: "Aquele que é poderoso olhou a humildade da sua serva; por isso todas as gerações me chamarão bem-aventurada". Nossa Senhora é nossa mestra de humildade também e exatamente na exaltação da sua glória.

[15 de agosto de 1964 – Homilia. Festa da Assunção]

31. Maria no plano da salvação

Que relações e que distinções há entre a maternidade de Maria, tornada universal pela dignidade e pela caridade da posição atribuída a ela por Deus no plano da redenção, e o sacerdócio apostólico, constituído pelo Senhor para ser instrumento de comunicação salvadora entre Deus e os homens?

Maria dá Cristo à humanidade; também o sacerdócio dá Cristo à humanidade, mas de modo diferente, como é claro; Maria mediante a encarnação e mediante a efusão da graça, da qual Cristo a encheu; o sacerdócio mediante os poderes da ordem sagrada: ministério que gera Cristo na carne (o primeiro) e depois o comunica pelas misteriosas vias da caridade às almas chamadas à salvação; ministério sacramental e exterior (o segundo), o qual dispensa aqueles dons de verdade e de graça, aquele Espírito que leva e forma o Cristo místico nas almas que aceitam o salutar serviço da hierarquia sacerdotal.

É evidente, porém, que Maria está, depois de Cristo e por força de Cristo, no cume desta economia de salvação; precede e supera o sacerdócio; ela está num plano de excelência superior e de eficiência diferente com respeito a ele; e se o sacerdócio, no seu grau supremo, possui as chaves do reino dos céus, a Rainha dos céus, a Virgem Maria, é, por conseguinte, com respeito à hierarquia, a Rainha dos apóstolos.

[7 de outubro de 1964 – Audiência geral]

32. Mãe da Igreja

Ninguém, é fácil crer nisto, teve tanto amor por Cristo como a sua mãe, não somente por causa do laço único que une sempre uma mãe ao fruto de suas entranhas, mas também por causa da caridade do Espírito Santo, que foi nela o princípio amoroso e vivificante da sua divina maternidade, que a associou à paixão do seu Filho, e que em Pentecostes inundou o seu coração e o dilatou a ponto de torná-la mãe espiritual da Igreja nascente, e até mãe da Igreja ao longo dos séculos, à qual nós pertencemos, felizes por poder dar a ela o título que ela mesma profetizou: "Bem-aventurada me chamarão todas as gerações" (Lc 1,48). Sim, és feliz, ó Maria, a quem tivemos a felicidade imerecida de atribuir explicitamente o título que os séculos cristãos sempre reconheceram a ti, não na ordem sacramental, causa da graça, mas na ordem da comunhão difusiva, exatamente do Corpo místico, da caridade e da graça,[1] o título de "Mãe da Igreja".

O Concílio [...] viu em Maria a figura da Igreja e o exemplo eminente das virtudes cristãs fundamentais, a fé especialmente e a obediência à vontade divina, a primeira a cooperar "para o nascimento e a formação com materno amor" dos irmãos de Cristo, "sinal de esperança segura e de consolação para o povo de Deus, ainda peregrinante até que chegue o dia do Senhor".[2]

[29 de maio de 1968 – Audiência geral]

---

[1] Cf. *Lumen gentium*, 56, 61, 63.
[2] Cf. *Lumen gentium*, 63, 68.

33. Fé e fidelidade de Maria

Na Virgem Maria vemos uma pureza sem comparação. Que candura sublime! O mundo perdeu o conceito de uma imaculada conceição porque os homens levam em si o desequilíbrio, a disfunção, a desarmonia do pecado original. Ao contrário, que realidade estupenda é a de uma criatura que conserva a beleza primigênia, dada pelo Senhor ao homem quando o criou à sua imagem e semelhança!

Que harmonia, que transparência e poesia na Virgem Maria, na qual espírito e natureza, instintos e faculdades, todos os elementos convergem para um equilíbrio de perfeição: reflexo evidente de Deus.

A Santíssima Virgem, em todas as suas manifestações, nos fala das virtudes que procuramos penosamente adquirir e exercer, ao passo que nela se manifestam em grau perfeito. A pobreza, a obediência, a doçura, a mansidão, sobretudo a caridade, à qual vai acrescida outra qualidade singular da Virgem, sobre a qual o Concílio insiste: a fé. Ela creu. "Feliz aquela que acreditou...", lhe diz Isabel ao saudá-la. Feliz és tu que acreditaste, que aceitaste a vontade do Todo-Poderoso. A tua alma aderiu à sua Palavra. Tu acolheste a realidade que o Senhor estabeleceu de introduzir no mundo; permaneceste fiel!

Esta é a lição sem fim que a Mãe de Deus nos ofereceu.

[15 de agosto de 1968 – Homilia. Festa da Assunção]

34. Maria teve fé

A Virgem Maria teve fé, a qual supõe não a evidência direta do conhecimento, mas a aceitação da verdade por causa da palavra reveladora de Deus. "Assim avançou a Virgem pelo caminho da fé", diz o Concílio.[1] É o Evangelho quem indica a sua caminhada meritória, que nós recordaremos e celebraremos só com o elogio de Isabel, elogio estupendo e revelador da psicologia e da virtude de Maria: "És feliz porque acreditaste!" (Lc 1,45).

Poderemos encontrar a confirmação desta virtude primária de Nossa Senhora em muitas páginas do Evangelho, que registram o que ela era, o que ela disse, o que ela fez, de modo que nos sentimos obrigados a frequentar a escola do seu exemplo e encontrar nas atitudes, que definem a incomparável figura de Maria diante do mistério de Cristo, que nela se realiza, as formas típicas para os espíritos que querem ser religiosos segundo o plano divino da nossa salvação.

São formas de escuta, de exploração, de aceitação, de sacrifício; e, depois, ainda de meditação, de expectativa e de interpretação, de posse interior, de segurança, calma e soberana, no julgamento e na ação; de plenitude, enfim, de oração e de comunhão, próprias, sim, daquela alma única cheia de graça e envolvida pelo Espírito Santo, mas formas igualmente de fé e, por conseguinte, próximas de nós, não só admiráveis por nós, mas também imitáveis.

[10 de maio de 1967 – Audiência geral]

---

[1] *Lumen gentium*, 58.

35. Um culto renovado

Não deixaremos terminar este período, que une a primavera da natureza com a primavera religiosa, que deveria florescer nas nossas almas ao contemplar e venerar a mais bela flor da humanidade redimida por Cristo, sem renovar a nossa devoção a Nossa Senhora, a Virgem Mãe de Cristo e nossa mãe espiritual [...].

Sabemos que o Concílio dedicou a Maria todo o capítulo oitavo e último da grande Constituição dogmática sobre a Igreja, colocando quase no cume dessa estupenda construção doutrinal sua doce e luminosa figura. E isto basta para todos nos sentirmos obrigados, também pela autoridade renovadora do Concílio, a renovar o nosso conceito e o nosso culto da Virgem.

O Concílio não quis expor novos dogmas sobre ela, como não teve a intenção de dizer dela tudo o que poderia; mas apresentou Maria Santíssima de tal forma e com tais títulos que qualquer cristão, fiel aos ensinamentos conciliares, deve não apenas sentir-se fortalecido na profissão da piedade mariana, sempre tida na Igreja Católica em tanta honra e em tanto fervor, mas deve igualmente sentir-se convidado a modelar a sua devoção segundo amplas, autênticas, entusiasmadas visões, que a magnífica e densa página conciliar oferece à contemplação e à devoção do cristão atento.

[29 de maio de 1968 – Audiência geral]

36. Uma dignidade singular

O culto à Virgem Santíssima tem raízes profundas na Palavra revelada e, conjuntamente, tem sólidos fundamentos dogmáticos: a singular dignidade de Maria, "Mãe do Filho de Deus e, por isso, filha predileta do Pai e templo do Espírito Santo; por este seu dom de graça sem igual ela ultrapassa, de longe, todas as outras criaturas, celestes e terrestres";[1] a sua cooperação nos momentos decisivos da obra da salvação, realizada pelo Filho; a sua santidade, já plena na conceição imaculada e, não obstante, sempre crescente, à medida que ela aderia à vontade do Pai e ia percorrendo a via do sofrimento[2] e progredindo constantemente na fé, na esperança e na caridade; a sua missão e condição única do povo de Deus, do qual é, ao mesmo tempo, membro sobre-eminente, modelo exemplar e mãe amorosíssima; a sua incessante e eficaz intercessão, em virtude da qual, embora assumida ao céu, continua muito perto dos fiéis que a imploram, e até mesmo daqueles que ignoram ser seus filhos; a sua glória, enfim, que enobrece todo o gênero humano [...].

Acrescentemos que o culto da bem-aventurada Virgem Maria tem a sua suprema razão de ser na insondável e livre vontade de Deus, que, sendo eterna e divina caridade,[3] realiza todas as coisas segundo um plano de amor [...], amou-a também por causa de nós e, deu-a a si mesmo e a deu também a nós.

[2 de fevereiro de 1974 – *Marialis cultus*, 56]

---

[1] Cf. *Lumen gentium*, 53.
[2] Cf. Lc 2,25-35.41-52; Jo 19,25-27.
[3] 1Jo 4,7-8.16.

37. Celebrar em Maria os misterios de Cristo

A nossa piedade, aluna fiel da tradição, deve conservar a sua plena expressão objetiva do culto e da imitação antes de assumir a expressão subjetiva da imploração do seu próprio conforto e vantagem. Não devemos privar a nossa devoção a Maria desta primeira e, diremos, desinteressada intenção de celebrar nela os mistérios do Senhor, de venerar as suas grandezas e os seus privilégios, de cantar a sua beleza, de admirar a sua bondade, de estudar as suas virtudes e os seus exemplos.

O desenvolvimento moderno da piedade mariana deve, para nós, seguir este caminho, que a tradição mais antiga e autorizada da Igreja propõe à espiritualidade do povo cristão. E honrando assim Maria se chega a descobrir a sua superlativa função na economia da salvação, especialmente a da intercessão; graças principalmente a São Bernardo e, depois dele, a inumeráveis cultores da piedade mariana, chegamos a descobrir uma relação pessoal entre Nossa Senhora e as nossas almas individuais [...].

A devoção a Maria Santíssima, levada a este grau de interioridade, possui forças maravilhosas: certamente a de obter a proteção da Virgem, a profusão das suas graças e da sua assistência e, depois, de uma fidelidade firme e fácil a todo dever que leve o cunho da vontade de Deus e da imitação de Cristo.

[8 de fevereiro de 1964 – Homilia. Seminário romano]

38. Maria é nossa guia

Mês de maio. Lembramo-nos da alegria infantil com a qual, ao ir à escola, levávamos flores ao altar de Nossa Senhora: luzes, cantos, orações e "sacrifícios" davam expressão jucunda à devoção à Maria Santíssima, que parecia a nós como a rainha da primavera; primavera da natureza e primavera das almas. Por que não recordar com ânimo simples, como se voltasse a ser evangelicamente criança, esta associação ideal do culto à Virgem com a floração da vida? Esta é piedade ingênua e popular, mas sábia e cheia de confortos secretos.

Vale ainda a pena meditar como Maria é verdadeiramente para todos aqueles que sabem compreender, com coração humilde, as grandes verdades do mundo cristão, a figura única e típica de beleza, de inocência, de vida nova, para a qual é sempre obrigatório e sempre benéfico dirigir o olhar, para ver nela o reflexo mais perfeito de Cristo e, portanto, aquela plenitude de graça que enche o espírito de exuberante admiração e de esperança vitoriosa.

Esta não é espiritualidade cristã autêntica? Não é uma fonte daquelas virtudes evangélicas que tornam a vida piedosa, boa e alegre? A capacidade de crer e de amar, a estima ciosa da pureza, a fusão da fortaleza com a mansidão, e assim por diante? Não é sentimentalismo. É escola de humanidade. Maria é nossa guia e nosso amparo.

[4 de maio de 1969 – *Regina coeli*]

39. Maria é nosso modelo

Do seu lugar, ao lado do coração do Salvador onde se encontra no céu, a Virgem Santíssima derrama sobre nós uma luz de exemplo. Esse exemplo resume o nosso viver cristão e nos faz pensar em tão grande mãe, bem como na beleza que deve estar sempre diante de nós. Os mistérios da vida da Virgem se tornam os mistérios da nossa vida, quando participamos da vida da Igreja. Se formos verdadeiramente fiéis à Igreja, obteremos em nós algo da beleza e da missão de Maria.

Por outro lado, Maria é o nosso "typus", o nosso modelo, pelas suas virtudes, pela experiência que nos dá a sua caminhada evangélica nesta terra. Basta olhar um pouco com a lente, não de aumento, mas de precisão da piedade cristã, as poucas, porém admiráveis, coisas que o Evangelho nos recorda da mãe de Jesus. Vemos nela toda perfeição, a começar pela sua humildade, que sente as distâncias imensas, intransponíveis, entre Deus e o homem.

"Magnificat anima mea Dominum..." "Porque olhou a pequenez da sua serva, o Senhor fez por meio de mim muitas e grandes coisas!" Esta colocação, que poderia ser chamada de filosófica, do nosso modo de nos apresentarmos a Deus é ensinada por Maria com simplicidade, domínio e superação, em grau maravilhoso, das coisas e acontecimentos materiais.

[15 de agosto de 1968 – Homilia. Festa da Assunção]

40. Exemplo para a Igreja

A Virgem Maria encerra em si toda a santidade, toda a beleza, toda a providência que nós, ao estudar a Igreja, encontraremos difusa nesta prodigiosa instituição que o Senhor quis para que fosse continuada a sua obra redentora. É a isto que se chama de mistério, quer dizer o desígnio, o plano de Deus, a ideia que o Senhor quis da nossa salvação se encontra, no seu grau principal, superior, concreto, em Maria Santíssima.

De fato, o que a Igreja realiza no exemplo de Maria? O que Maria fez? Gerou Cristo; deu Cristo ao mundo. E o que a Igreja deve realizar? Ela deve e quer gerar novos cristãos e tornar os homens verdadeiramente filhos e irmãos de Cristo. O que a Igreja faz em cada homem, Maria realizou no seu Filho. E nós a chamamos mãe da Igreja exatamente porque ela nos gera na ordem sobrenatural [...]. Podemos ainda considerar de que modo a Igreja está unida a Cristo. Ela, a toda santa, teve apenas um ideal, um amor, um desígnio: toda a sua vida se resume no devoto respeito e na ilimitada consagração a Jesus. Do mesmo modo a Igreja, a qual não tem outro escopo, outro amor nem finalidade diferente, ou outro programa senão o de levar Cristo ao mundo.

[15 de agosto de 1968 – Homilia. Festa da Assunção]

V
Cremos na Igreja, povo de Deus peregrinando na terra

41. O nascimento da Igreja

Podemos considerar Pentecostes como o dia do nascimento da Igreja, porque a primeira comunidade de seguidores de Cristo recebeu, naquele dia, a vivificação do Espírito Santo, tornando-se, deste modo, o seu Corpo Místico. Hoje o nosso pensamento e, mais ainda, o nosso coração, dirige-se para a Igreja, para esse fenômeno histórico, social, humano e espiritual, visível e, ao mesmo tempo, misterioso, a Igreja de Cristo.

Embora possa parecer estranho, Pentecostes é também um acontecimento que interessa o mundo profano; pois dele deriva, pelo menos, uma nova sociologia, penetrada pelos valores do espírito, que determina a hierarquia dos valores e se polariza nos verdadeiros e mais elevados destinos do homem; aquela sociologia que tem o sentido da dignidade da pessoa humana e da moral social, e que tende, decididamente, a superar as divisões e os conflitos entre os homens, e a fazer da humanidade uma única família de filhos de Deus, livres e irmãos. Recordamos, como símbolo e início desta difícil história, o milagre da diversidade das línguas, tornadas, pelo Espírito Santo, compreensíveis a todos. Foi a civilização do amor e da paz que Pentecostes inaugurou. E todos sabemos se, ainda hoje, o mundo tem ou não necessidade de amor e da paz!

[17 de maio de 1970 – *Regina coeli*]

42. Igreja como morada de Deus

A Igreja é uma construção em andamento, não uma construção acabada; está em vias de realização. Este aspecto da imagem considerada não nos fala da história da Igreja? Não nos fala do seu devir, promovido por Cristo, o verdadeiro construtor da sua Igreja, mediante a ação do Espírito Santo? Não nos fala de ela ainda não estar acabada, do seu contínuo crescimento, da sua beleza, que se revela à medida que é construída, ou seja, à medida que os séculos passam?

Esta imagem não nos recorda a perenidade da Igreja, a sua fidelidade aos seus fundamentos doutrinais e estruturais, a sua verdade, hoje igual à de ontem e de amanhã, mas sempre suscetível de aprofundamento, até de elevação, na identidade do conteúdo e no prodigioso vigor de expressão?

Filhos caríssimos, experimentai pensar a Igreja como a morada de Deus; aí encontrareis a resposta para muitas incompreensões que deformam o seu conceito; aí encontrareis o convite para entrar nessa casa bendita, para conhecê-la melhor, para morar nela com alegria e dignidade; encontrareis aí a descoberta de uma grande sorte, exatamente a de ter uma casa; uma casa onde o amor aos irmãos é princípio de coabitação, e onde o amor de Deus por nós, e de nós a Deus, tem a sua mais feliz e mais promissora celebração.

[14 de maior de 1966 – Audiência geral]

43. O tesouro da Igreja

A Igreja possui em si um segredo, um tesouro escondido, um mistério, como se fosse um coração interior. Possui o próprio Jesus Cristo, seu fundador, seu mestre e seu redentor. E notai bem, possui Cristo presente. Presente? Sim, presente. Com a herança da sua palavra? Sim, mas também com outra presença. A dos seus ministros, dos seus apóstolos, dos seus representantes, dos seus sacerdotes, ou seja, da sua tradição ministerial? Sim, mas há mais. O Senhor deu aos seus sacerdotes, a estes seus ministros qualificados, um poder extraordinário e maravilhoso: o de torná-lo real e pessoalmente presente. Vivo? Sim. Ele próprio? Sim, ele próprio. Mas onde está, se não se vê?

Eis o segredo, eis o mistério: a presença de Cristo é verdadeira e real, mas sacramental, ou seja, está escondida, mas, ao mesmo tempo, é identificável. Trata-se de uma presença revestida por sinais especiais, que não deixam ver a sua divina figura humana, mas apenas nos asseguram que ele, Jesus do Evangelho e agora Jesus vivo na glória do céu, está aqui, na Eucaristia.

Trata-se então de um milagre? Sim, de um milagre que ele, Jesus Cristo, deu o poder de realizar, de multiplicar e de perpetuar nos seus apóstolos, fazendo-os sacerdotes e dando-lhes este poder de tornar presente todo o seu ser, divino e humano, neste sacramento [...]. É um mistério, mas é verdade.

[28 de maio de 1970 – Homilia. *Corpus Christi*]

44. Corpo místico de Cristo

Sabeis o que é a Igreja? Logo vêm cem respostas aos lábios; mas perguntamos de novo: compreendestes bem o significado não só desta palavra "Igreja", que quer dizer assembleia, reunião, sociedade, mas também a realidade indicada por esta palavra: na verdade, o que é a Igreja?

Fazemos-vos esta pergunta porque nos parece que nenhum momento e nenhum lugar são mais propícios que este momento e este lugar para fazer surgir nas mentes de todos os presentes esta questão; não só para isto, mas também para dar à pergunta uma resposta verdadeira e densa.

O que é a Igreja? Entretanto, digamos que, quem não entrevê logo a dificuldade de dar à pergunta uma resposta adequada, não tem intuição exata. E a dificuldade cresce – prestai atenção! – à medida que se conhece melhor a Igreja, porque percebemos que não estamos em condições de saber tudo a respeito da Igreja: na sua realidade profunda há algo que escapa à nossa compreensão.

Porque é obra de Deus, porque é animada pela ação do Espírito Santo e porque não é uma sociedade composta apenas de homens desta terra, mas também das almas dos fiéis defuntos e dos santos no céu; a Igreja é um mistério. O Concílio repetiu isto. Então não poderemos ter uma ideia – se não adequada, pelo menos correspondente à realidade verdadeira, essencial – da Igreja? Poderemos sim, até deveremos [...]. A Igreja é o Corpo místico de Cristo. Foi São Paulo quem nos deu esta definição, e mais de uma vez fez uso dela em suas cartas. Ele escreve: "Ele (Cristo) é a cabeça do corpo, que é a Igreja" (Cl 1,18). E acrescentava: "nós, que somos uma multidão, formamos um só corpo em Cristo" (Rm 12,5).

[8 de junho de 1966 – Audiência geral]

45. O Espírito gera a Igreja

A efusão do Espírito Santo confere aos seguidores de Jesus um princípio novo e sobrenatural de vida, que chamamos de graça, a caridade criada na alma pela própria caridade incriada, que é justamente o Espírito Santo [...]. A Igreja de Cristo vive do Espírito de Cristo.

O Espírito Santo é a alma do Corpo místico; é uma corrente viva de luz e de amor que o percorre, vivifica, habilita a realizar atos sobrenaturais e meritórios para a vida eterna, o santifica e, num certo sentido, o diviniza.

Este é o grande mistério do cristianismo, o qual não é apenas uma doutrina, uma sociedade humana, uma religião como as outras, um fenômeno histórico. É uma vida, uma participação na vida de Cristo e, mediante essa inserção, se torna uma comunhão vital com Deus. É o centro da nossa mensagem evangélica; é o coração do nosso catecismo. Agora, como o Espírito Santo é derramado, de maneira comum, mas segura, nas almas, desde Pentecostes? Derrama-se por via sacramental. Sabemos disto; este é o grande veículo de salvação instituído por Cristo. E quem recebeu de Cristo o poder de administrar os sacramentos? Podemos dizer, num sentido geral, que tal maravilhoso poder foi dado ao sacerdócio cristão, ao ministério de salvação do irmão para o irmão.

[13 de maio de 1964 – Audiência geral]

46. Graça e ministério pastoral

O mandato conferido pelo Senhor a São Pedro e aos apóstolos e, portanto, à hierarquia pastoral, que continua a missão deles, não diz respeito apenas ao poder de guiar e de governar os fiéis, mas contém e confere também o poder de santificá-los; é um poder que provém do Espírito Santo, que investe em homens escolhidos e os habilita a transmitir a graça: "Recebei o Espírito Santo – disse Jesus –; a quem perdoardes os pecados, serão perdoados" (Jo 20,23). Jesus ressuscitado lhes dava o poder de ressuscitar a vida divina nas almas, o que acontece especialmente mediante o ministério sacramental, fonte da graça, infusão do Espírito Santo.

Existe, portanto, uma relação providencial entre a graça divina e o ministério que a dispensa; entre a causa formal e final da nossa santificação e a causa instrumental própria da Igreja católica, que a distribui e a atribui às almas, e esta relação nos faz ver como Cristo está presente na pessoa de quem ele associou ao seu sacerdócio.

Por isso não há separação nem oposição entre o mistério interior da graça e o ministério exterior que a dispensa, e honrar o sacerdote quer dizer honrar Cristo que age nele e quer dizer aspirar àquele Espírito Santo cuja infusão nos faz santos e vivos em Cristo.

[13 de maio de 1964 – Audiência geral]

47. Em contínua construção

O Concílio não tratou expressamente de dogmas relativos a Jesus Cristo, como os célebres concílios dos primeiros séculos: Niceia, Éfeso, Calcedônia; como tema central tratou, antes, da Igreja. Mas exatamente porque procurou ver e entender a Igreja mais no seu coração, na sua interioridade, na sua causalidade vital, do que nos seus aspectos históricos e jurídicos, o Concílio foi felizmente obrigado a referir tudo ao Cristo Senhor como sendo o fundador [...]. Portanto, se quisermos compreender a doutrina central do Concílio, devemos compreender a Igreja; mas para compreender a Igreja, devemos referir tudo a Cristo. Dizíamos que a Igreja está, no tempo, em contínua construção. É preciso ainda recordar: quem é o verdadeiro arquiteto, o verdadeiro construtor?

Jesus refere a si mesmo essa perene operação: "eu construirei". É preciso que reflitamos sobre a posição única de Cristo na Igreja e no mundo. Ele é a cabeça, porque é o princípio [...]. A encarnação leva a natureza humana ao seu grau mais alto. Em Cristo o homem se realiza numa suprema expressão: em "forma Dei" e em "imago Dei".[1] E por isso Cristo é o protótipo, o modelo, o exemplo de toda perfeição humana. Não só. Ele é o Redentor e, por isso, o único mediador primário e suficiente entre Deus e o homem; é o autor da graça, ninguém se salva sem ele; todos dependem da sua plenitude.[2]

[23 de novembro de 1966 – Audiência geral]

---

[1] Cf. 2Cor 4,4.
[2] Cf. Jo 1,16.

48. Igreja que escuta e comunica a Palavra

O que a Igreja reconhece na Sagrada Escritura? Reconhece a imutabilidade da sua doutrina; reconhece a validade e a autenticidade permanente da Palavra de Deus nela contida; reconhece uma inexaurível fecundidade espiritual; reconhece um valor profético, que pode iluminar com a luz do Espírito Santo qualquer situação humana, seja ela histórica ou sociológica; reconhece a fonte da pregação e da catequese eclesial; e, principalmente, reconhece um alimento espiritual.

Leiamos de novo pelo menos um trecho deste luminoso ensinamento: "É necessário que toda a pregação eclesiástica, como a própria religião cristã, seja alimentada e orientada pela Sagrada Escritura. Nos livros sagrados, o Pai que está nos céus vem carinhosamente ao encontro de seus filhos e fala com eles. É tão grande a força poderosa que se encerra na Palavra de Deus, que ela constitui sustentáculo vigoroso para a Igreja, firmeza na fé para seus filhos, alimento da alma, perene e pura fonte da vida espiritual. Por tudo isso, aplicam-se perfeitamente à Sagrada Escritura estas palavras: 'a palavra de Deus é viva e eficaz' (Hb 4,12), 'poderosa para edificar e distribuir a herança entre os santificados' (At 20,32)".[1]

Escutar não basta, é preciso meditar, ou seja, assimilar. Por isso é necessária a leitura da Sagrada Escritura, é necessário o seu estudo. Eis um novo campo, aberto aos que buscam Deus.

[1º de julho de 1970 – Audiência geral]

---

[1] *Dei Verbum*, 21.

49. Cristo presente na Igreja

Tende confiança! Cristo Senhor permanece na Igreja também nesta hora e está ativo nela também nas grandes mudanças que agitam o mundo de hoje. Somente no final dos tempos ele se revelará em toda a sua plenitude. Ouçamos a sua palavra, como nos convida São Pedro ao dizer que é "como uma lâmpada que resplandece na escuridão, até despontar o dia e surgir a estrela da manhã em vossos corações" (2Pd 1,19).

A Palavra de Deus é uma lâmpada que dá força e consolação à nossa vida. A Palavra de Deus, que constitui a suprema autoridade e o centro simbólico para os Padres conciliares, constitui a alma das nossas deliberações. É de fato desejo particular destes "Dias católicos" encontrar pela Sagrada Escritura novos impulsos para um maior desenvolvimento, da parte católica da Alemanha, dos estudos bíblicos, dos quais Stuttgart já há tempo possui um centro benemérito. Possa ele contribuir para o aprofundamento dos estudos teológicos, para a renovação da pregação eclesial e para o enriquecimento do culto litúrgico [...]. O mundo da liturgia tem algo de sublime, mas pode perder todo o significado se não estiver levantado sobre o fundamento sólido de uma fé consciente, a fé que aprofunda as raízes na Sagrada Escritura.

[6 de setembro de 1964 – Radiomensagem pelo 80º aniversário do "*Katholikentag*"]

50. Jesus presente com a sua Palavra

De que modo Jesus está presente?

Naturalmente nos referimos imediatamente à sua presença visível e histórica no Evangelho: e exatamente por isso o divino Mestre inicia o ensinamento. Ele, na cena à qual hoje nos referimos, foi aclamado por uma mulher simples do povo – movida por um entusiasmo improviso pela alegria de ouvi-lo falar com tanta sabedoria e com tanta força – da seguinte maneira: "Bendita a mãe que te carregou em seu seio; bendita aquela que te alimentou quando criança". Pois bem, Jesus compara a sua presença, essa sua associação com a humanidade, a outra forma que ele define superior e preferível.

À maternidade física de Maria, o Senhor contrapõe uma maternidade espiritual, que certamente a própria Virgem Santíssima teve em sumo grau junto com a maternidade física. Foi a mãe de Jesus na carne e foi a mãe de Jesus pela sua fé nele. "Bendita aquela que acreditou" – lê-se em outra página do Evangelho. Mas aqui o Senhor quer ressaltar que nós podemos desfrutar da sua presença, mesmo prescindindo daquilo que nos falta, ou seja, o contato sensível, a visão imediata, material da conversação humana. O Senhor nos dá e nos deixa a sua palavra [...]. A minha palavra permanecerá eternamente.

[26 de fevereiro de 1967 – Homilia]

51. A Palavra se encarna em nós

Como Jesus se faz presente nas almas? Através do veículo, da comunicação da Palavra – tão normal nas relações humanas, mas que aqui se torna sublime e misteriosa –, passa o pensamento divino, passa o Verbo, o Filho de Deus feito homem. Poder-se-ia afirmar que o Senhor se encarna dentro de nós quando aceitamos que a sua Palavra venha circular na nossa mente, no nosso espírito; venha animar o nosso pensamento, viver dentro de nós. Sabemos bem que há outros modos com os quais o Filho de Deus quis acentuar a sua presença, a começar por aquela substancial, sublime, da santíssima Eucaristia: a presença sacramental de Jesus entre nós.

E ainda: Jesus quer estar presente com a sua autoridade nos apóstolos e nos seus sucessores: "Quem vos ouve, a mim ouve" (Lc 10,16). Quer estar presente também de uma maneira que poderia dizer, em espelho, como reflexo de si mesmo, nos pobres: "O que quer que tenhais feito a um desses meus irmãos menores, a mim o fizestes" (Mt 25,40). E de outras maneiras ainda.

Mas a presença da Palavra é a primeira e é indispensável, visto que se não houvesse esperança da primeira vinda de Cristo nas nossas almas, todo o resto seria inútil.

[26 de fevereiro de 1967 – Homilia]

52. Ouvir a Palavra

É preciso saber ouvir. Ninguém se admire com esse insistente convite. A educação moderna nos torna refratários a aceitar a via de comunicação silenciosa e espiritual. A psicologia comum não está bem colocada. Ela induz os homens a se sentirem autônomos em todo campo e a reivindicar até uma independência em relação a Deus. Por isso somos péssimos ouvintes. A chamada civilização da imagem é mais admitida do que a comunicação do pensamento e da palavra.

Em suma, tudo parece dissuadir da concentração sobre a verdade. Se, ao contrário, se conseguisse tornar-se receptivos a uma Palavra do Senhor; se uma frase, um único acento fosse acolhido pelo coração, que ventura seria! É preciso, portanto, preferir esta presença, que se poderia chamar de passiva, ou seja, de aceitação, de escuta [...]. Essa aceitação produz o fato mais importante da nossa vida sobrenatural, pela qual é decidido, inclusive, o nosso futuro, ou seja, a fé.

Quem aceita crê; quem acolhe diz sim: eu adiro, obedeço à Palavra de Deus e a ela me abandono. É o segredo da salvação: consinto em estar em comunicação vital, precisamente por meio da fé, que me comunica o pensamento de Deus. Se esse pensamento entra no nosso intelecto, é a luz divina que se efunde nos meandros tão complexos, profundos, insondáveis da nossa psique.

[26 de fevereiro de 1967 – Homilia]

53. Guardar e meditar a Palavra

Antes de tudo ouvir. Depois – é o Senhor que o proclama – é preciso guardar. Nós – também aqui basta dar uma olhadela na vida cotidiana – somos capitalistas da palavra. Temos jornais, livros, escolas, cinema, televisão; temos a cabeça sempre mais atordoada pela mais variada e multiforme escuta. Muitas vezes se trata de exortações religiosas, de pregações... O que resta?

O Senhor diz: Felizes aqueles que escutam e guardam. Isto é: é preciso não apenas um ato passivo de aceitação; é necessária uma reação ativa, um ato reflexo. É preciso, para usar uma palavra corrente, meditar. Nós sabemos meditar, refletir, ou seja, dobrar-nos sobre o que recebemos, sobre a verdade que transpôs o umbral da nossa alma? Sabemos verdadeiramente introduzi-la no nosso pensamento, aprofundá-la, ou pelo menos honrá-la?

Se não formos capazes de discorrer sobre o desenrolar dialético da meditação, deveremos, pelo menos, saber dizer repetidamente: sim, vem, Senhor! Como é bela a tua Palavra! Lembrar-me-ei dela; ela será a minha divisa; será em mim memória e propósito.

Disto se segue que é preciso favorecer essa simpatia, a qual mantém o contato entre Deus e nós, mediante a forma primeira vital da sua presença: a sua Palavra concedida a nós.

[26 de fevereiro de 1967 – Homilia]

54. A Palavra guia a vida

A Palavra deve transformar-se em ação e guiar a vida. Ela é aplicada ao nosso estilo, ao nosso modo de viver, de julgar e de falar. Então só podemos dizer que somos verdadeiros cristãos quando a Palavra de Deus modela e informa o nosso modo concreto de viver. É mister, portanto, aplicar-nos a dar aos nossos atos o máximo possível de lógica e coerência cristã.

Que a Palavra de Deus se torne a fonte de todas as nossas virtudes. Desse modo a vida cristã se revela extremamente atraente. O Senhor disse que ela não só será misteriosa e divinizada, mas que será feliz: felizes aqueles que guardam a minha Palavra! O fiel ouvinte e guardador terá o gosto, a alegria de observar: traduzi, em alguma ação minha, a obediência que devo a Jesus Cristo. A minha adesão a ele não foi retórica, vã, puramente formal e exterior ou, pior, farisaica; mas real, humilde e concreta.

Com estas disposições é fácil perceber a voz do Senhor quando ele bate à porta da nossa consciência e nos pergunta: por que não fazes assim; não perdoas aquela ofensa; por que não renuncias àquela coisa perigosa; por que não cumpres bem um dever que te é incômodo; por que não tiras da alma a tristeza e o mau humor e não os substituis pela luz que deve ficar acesa, pois és cristão, guarda da alegria de Cristo?

[26 de fevereiro de 1967 – Homilia]

55. Anúncio do Reino de Cristo

Nós, todos juntos, devemos enviar uma saudação, nas asas da oração, aos missionários e às missionárias, que estão espalhados pelo mundo [...]. Meditamos sobre o drama da livre e heroica vocação deles; admiramos o fenômeno religioso que neles se manifesta, fenômeno psicológico e sociológico; fenômeno histórico primitivo, que deriva do Evangelho, e ultramoderno, que tende à promoção e à unificação da humanidade; fenômeno de sacrifício e de salvação, como o da cruz.

Eles, os missionários, compreenderam melhor do que todos que o Reino de Cristo chegou, que é para todos e precisa do apóstolo, do missionário, para anunciá-lo e difundi-lo. Tiveram a coragem suprema de dar tudo, de dar a si mesmos, de deixar tudo o que lhes era caro e próprio, para estarem livres e vinculados àquilo que vale por tudo, o amor de Cristo e por Cristo aos homens, descobertos como irmãos.

Eles, os missionários, ousaram, pelo Evangelho, tentar as empresas mais difíceis; penetrar aonde ninguém chega; falar línguas impossíveis sem compreender e sem ser compreendidos; dar sem receber; arriscar sem temer..., morrer sem terminar a sua obra, cansados, sozinhos, imolando as nostalgias sobreviventes ao único, invencível amor de Cristo.

[19 de outubro de 1969 – *Angelus Domini*]

56. Oferecer a todos a luz do Evangelho

A missão, ou seja, o esforço apostólico para oferecer a cada homem, a cada povo, a luz do Evangelho, é necessária. Assim ontem como hoje. Hoje mais do que ontem porque as relações humanas no mundo aumentaram, aumentou nos homens a crise de consciência, aumentou a necessidade de descobrir o sentido verdadeiro da vida, aumentaram as possibilidades e as responsabilidades de quem possui a mensagem da revelação de comunicá-la a todos. Este serviço da verdade cristã, este ministério de salvação, confiado por Cristo aos apóstolos e com eles ao povo de Deus, é urgente, é necessário [...]. A antiga fórmula permanece na sua dramaticidade textual: só na Igreja há salvação.

Ter descoberto os valores que estão nas religiões não cristãs, valores espirituais e humanos dignos de todo respeito; ter percebido nesses valores uma misteriosa predisposição à plena luz da revelação, não autoriza o apostolado da Igreja ao repouso; conforta-o e estimula-o; e o reconhecimento de que Deus tem outros caminhos para salvar as almas que estão fora do foco de luz, que é a revelação da salvação, por ele projetado sobre o mundo, não dispensa o filho da luz de deixar que o próprio Deus desenvolva essa sua secreta economia da salvação, renunciando ao incômodo da dilatação da verdadeira luz, e a dispensar-se do testemunho, do martírio, da oblação aos irmãos que mesmo sem a sua culpa "jazem na sombra da morte", mas o convidam a celebrar o mistério da misericórdia com imensa amplitude de visão, a de São Paulo: "Deus encerrou a todos na desobediência para usar com todos de misericórdia" (Rm 11,32), e por isso mesmo fazer-se portador de tal misericórdia no plano histórico e humano.

[14 de maio de 1965 – Discurso às Pontifícias Obras Missionárias]

57. Anúncio e testemunho

Cresce na Igreja a consciência de levar consigo uma mensagem universal e de ter o mandato de dar testemunho eloquente e ativo dela diante do mundo hodierno. O fermento missionário agita e eleva a espiritualidade e a atividade da Igreja. Está se difundindo a ideia de que o dever missionário não se limita àqueles que dão o seu nome aos institutos para as missões, mas investe a hierarquia dos pastores e a comunidade inteira dos fiéis.

Os princípios doutrinais da obra missionária se esclarecem e se desenvolvem, reconhecendo, por um lado, os valores humanos de cada povo, de cada civilização e o consequente dever, já não de suprimi-los e de substituí-los por outros valores tirados de outra civilização, felizmente penetrada pelo cristianismo, mas de compreendê-los, assumi-los, purificá-los, aproximá-los daqueles que cremos úteis e universalmente válidos e vivificá-los em Cristo com as suas expressões originais e próprias.

E assim, enquanto se reconhece a liberdade subjetiva daqueles que professam, segundo a sua consciência, religiões não cristãs, ou na prática não professam, infelizmente, nenhuma religião, se reafirma tanto mais fiel ao desígnio divino da salvação a obrigação improrrogável de uma premente e sábia evangelização universal.

Problema que tem sabor de drama e que se aprofunda nos segredos de Deus.

[15 de maio de 1964 – Discurso às Pontifícias Obras Missionárias]

58. A Igreja leva a mensagem de Cristo

O materialismo, porém, com todas as suas consequências negativas, não passa de um sintoma externo de um mal-estar mais profundo, que, nos nossos dias, aflige vastos setores da família humana: um enfraquecimento da fé em Deus, ou até mesmo a sua perda total [...]. A Ásia, que viu nascer grandes religiões mundiais, não se deve deixar sucumbir sob a impiedade. Dirigimos-vos o nosso convite para vos unirdes à nossa oração, a fim de que a luz e o amor de Deus preservem os vossos povos de um perigo como este.

Aqui se impõe dizermos uma palavra acerca da presença e da ação da Igreja Católica entre vós [...]. O que ela tem para vos trazer, a mensagem de Cristo, não é imposto a quem a ouve, mas simplesmente anunciado, com palavras francas e fraternas, e oferecido ao conhecimento e à meditação das vossas consciências, sem, porém, anular ou diminuir, de modo algum, os valores culturais e espirituais que constituem a vossa preciosa herança.

Cristo é a luz, a verdade e a vida; e anunciamo-lo, como ele se apresenta à certeza da nossa fé; cumpridores do encargo que nos deu e do seu mandato – ide, pregai a todas as gentes a boa e alegre nova, ensinando-lhes a minha doutrina de amor e de vida. Fazemo-lo, irmãos e irmãs, com amor humilde por vós, com profundo respeito por vós e pelas vossas antigas e veneráveis tradições.

[29 de novembro de 1970 – Mensagem aos povos da Ásia]

59. Defender a dignidade do homem

Neste momento em que o conjunto dos homens tende a ter acesso à cultura, na qual o transistor, em particular, leva até às mais modestas casas a voz dos jornalistas, vós podeis, antes deveis, ser os artífices de uma sociedade mais justa, mais verdadeira e mais pacífica. Depende mais de vós do que de muitas outras formas de poder. Estejais seguros de que a vossa voz não ficará sem eco. Porque nós temos confiança no homem. Cremos nesse fundo de bondade que existe em cada coração. Conhecemos os motivos de justiça, de verdade, de renovação, de progresso, de fraternidade, que estão na raiz de tantas belas iniciativas e até de tantas contestações e, infelizmente, às vezes, de tantas violências.

Cabe a vós não bajular o homem, mas fazer com que ele tome consciência do seu valor e das suas capacidades. Semeai a semente de um ideal verdadeiro, sem procurar interesses egoístas, que acabam apenas o abaixando, às vezes, o degradando. Não, deve ser um ideal que o faça crescer para a sua verdadeira estatura de quem foi criado à semelhança de Deus [...].

Sem se ligar a nenhum sistema político ou a qualquer cultura particular, antiga ou recente,[1] a Igreja Católica chama todos os seus membros a empreender, junto com os homens de boa vontade de toda raça e nação, esta cruzada pacífica pelo bem do homem.

[2 de dezembro de 1970 – Aos representantes da imprensa australiana. Sydney]

---

[1] *Gaudium et spes*, 58.

60. A Eucaristia é mistério de fé

A Eucaristia é *mysterium fidei*, mistério de fé. Luz vivíssima, luz dulcíssima, luz certíssima para quem crê; rito opaco para quem não crê. Oh! Como é decisivo o tema eucarístico levado a este ponto discriminante! Quem o acolhe, escolhe [...]. Irmãos e filhos caríssimos, este talvez seja o momento para todos propício para renovar a escolha, que Cristo coloca diante de nós, não só por este dogma proeminente relativo ao mistério eucarístico, mas por toda a sua mensagem evangélica, como a Igreja, guiada pelo Espírito Santo e depois de longa vigília de meditação nos propõe: numa palavra, pela fé católica.

Na hora solene do Concílio ecumênico, enquanto amadurece no quadrante da história o início de uma nova jornada para a vida do mundo, a nossa fé desempenha uma função de grande importância. Todos sabem como a necessidade de uma verdade transcendente e profundamente apta a iluminar o caminho da humanidade é verdadeiramente sentida. A fé católica, ainda uma vez, apresenta ao mundo a sua oferta impressionante. Notai: é oferta livre a homens livres e, pensando bem, libertadora. O Senhor o disse: "A verdade – a sua verdade – vos libertará" (Jo 8,32). É oferta gratuita e desinteressada, como aquela que desde um Amor infinito atinge o seu princípio e o seu fim.

[10 de junho de 1965 – Homilia. 27º Congresso Eucarístico – Pisa]

61. O "sinal" que esconde e revela

A Eucaristia é antes de tudo comunhão com Cristo, Deus de Deus, luz de luz, amor de amor, vivo, verdadeiro, substancial e sacramentalmente presente, cordeiro imolado pela nossa salvação, maná restaurador para a vida eterna, amigo, irmão esposo, misteriosamente escondido e baixado sob a simplicidade das aparências; contudo, glorioso na sua vida de ressuscitado, que vivifica comunicando-nos os frutos do mistério pascal [...]. A mente se perde, porque tem dificuldade de entender, os sentidos duvidam, porque se encontram diante de realidades comuns e conhecidas: pão e vinho, os dois elementos mais simples da nossa alimentação diária.

No entanto, exatamente o "sinal" com o qual essa divina presença se oferece a nós, indica-nos como devemos pensá-la: o pão e o vinho, aquelas espécies tão comuns, têm valor de símbolo, de sinal. Sinal de quê? Oh! Como é grande o poder de Cristo, que também aqui, segundo o seu estilo – que é o estilo de Belém, de Nazaré, do Calvário – esconde as maiores realidades sob as aparências mais humildes, e, precisamente por isso, acessível a todos: este sacramento é sinal de que Cristo quer ser o nosso alimento, a nossa comida, princípio interior de vida para cada um de nós, e a nós aplica os frutos da sua encarnação, com a qual – como bem disse o Concílio – "o Filho de Deus uniu-se de certo modo a todo homem".[1]

[5 de junho de 1969 – Homilia. Solenidade de *Corpus Christi*]

---

[1] *Gaudium et spes*, 22.

62. Jesus nos revela o seu amor

Se não podemos desfrutar de sua presença sensível, podemos e devemos desfrutar de sua presença real, mas sob o seu aspecto intencional. Qual é a intenção de Jesus, que se dá a nós na Eucaristia? Oh! Esta intenção, se refletirmos bem, é claríssima e diz-nos muitas, muitas coisas de Jesus; diz-nos, sobretudo, o seu amor. Diz-nos que ele, Jesus, ao mesmo tempo em que se esconde na Eucaristia, é na Eucaristia que se revela; revela-se em amor. O "mistério de fé" desabrocha em "mistério de amor". Pensai na veste sacramental que, contemporaneamente, esconde e apresenta Jesus; pão e vinho, dado por nós.

Jesus dá-se, doa-se. Ora, este é o centro, o ponto focal de todo o Evangelho, da encarnação e da redenção: *Nobis natus, nobis datus* [nascido por nós, dado por nós]. Por cada um de nós? Sim, por cada um de nós. Jesus multiplicou a sua presença real, mas sacramental, no tempo e no número, para poder oferecer a cada um de nós, digamos, exatamente, a cada um de nós, a felicidade, a alegria de o aproximarmos e de poder dizer: é para mim, é meu, "... me amou – diz São Paulo – e se entregou... por mim" (Gl 2,20). E fê-lo também por todos? Sim, por todos. Outro aspecto do amor de Jesus é expresso na Eucaristia. Conheceis as palavras com as quais Jesus instituiu este sacramento e que o Sacerdote repete na Missa, na consagração: "... comei todos; ... bebei todos".

[28 de maio de 1970 – Homilia. *Corpus Christi*]

63. Comunhão com Cristo e entre nós

Se a Eucaristia é um grande mistério, que a mente não compreende, podemos pelo menos entender o amor que aí resplandece como uma chama secreta, consumidora. Podemos refletir sobre a intimidade que Jesus quer ter com cada um de nós. É a sua promessa, são as suas palavras que a liturgia repetiu hoje: "Quem come a minha carne e bebe o meu sangue, permanece em mim, e eu nele... também quem comer de minha carne, viverá por mim" (Jo 6,56-57). Ele é o pão de vida eterna para nós peregrinos neste mundo, que por seu meio somos já transportados e imersos pelo fluxo rápido do tempo à beira da eternidade.

Comunhão com Cristo, portanto, a Eucaristia, como sacramento e como sacrifício, mas também como comunhão entre nós, irmãos, com a nossa comunidade, com a Igreja. E é ainda a revelação que o diz, com as palavras de Paulo: "Uma vez que há um só pão, nós formamos um só corpo, embora sejamos muitos, pois todos participamos do mesmo pão" (1Cor 10,17). O concílio ecumênico Vaticano II esclareceu profundamente esta realidade, quando chamou a Eucaristia de banquete de comunhão fraterna; quando disse que os cristãos, "alimentados pelo corpo de Cristo na Eucaristia, manifestam visivelmente a unidade do Povo de Deus, que neste augustíssimo sacramento é perfeitamente significada e admiravelmente realizada".[1]

[5 de junho de 1969 – Homilia. Solenidade de *Corpus Christi*]

---

[1] *Lumen gentium*, 11.

64. O mandamento novo

A celebração da Eucaristia é sempre princípio de união de caridade, não só no sentimento, mas também na prática: "Amai-vos uns aos outros como eu vos amei" (Jo 15,12).

É o "mandamento novo", o que deve distinguir os filhos da Igreja. Ele encontra a razão, o impulso, a mola secreta na comunhão, na Missa, que é a celebração da comunidade cristã, o alimento da caridade. "Em qualquer comunidade que participa do altar – é ainda o Concílio que o repete – é manifestado o símbolo do amor e da unidade do Corpo místico, sem o que não pode haver salvação. Nestas comunidades, embora muitas vezes pequenas e pobres, ou dispersas, está presente Cristo, por cujo poder se unifica a Igreja".[1] Por isso o amor que parte da Eucaristia é um amor irradiante: tem um reflexo na fusão dos corações, no afeto, na união, no perdão; faz-nos entender que é preciso consumir-se pelas necessidades dos outros, pelos pequenos, pelos pobres, pelos doentes, pelos prisioneiros, pelos desterrados, pelos sofredores. Esta caridade mira também os irmãos distantes, para os quais a unidade ainda não perfeita com a Igreja Católica não permite que se sentem à mesma mesa conosco, e nos faz pedir que não seja apressado o momento. Esta "comunhão" tem também um reflexo social, porque impele à solidariedade mútua, às obras de caridade, à compreensão recíproca, ao apostolado.

[5 de junho de 1969 – Homilia. Solenidade de *Corpus Christi*]

---

[1] *Lumen gentium*, 26.

65. Sacramento de unidade da Igreja

A Eucaristia é o sacramento que representa e produz a unidade dos cristãos.

Este é um aspecto característico da Eucaristia, muito caro à Igreja e hoje muito considerado. O recente Concílio, por exemplo, com palavras extremamente densas de significado, diz: "[Cristo] instituiu na sua Igreja o admirável Sacramento da Eucaristia, pelo qual a unidade da Igreja é significada e atuada".[1]

Já o tinha dito são Paulo, primeiro historiador e primeiro teólogo da Eucaristia: "nós... formamos um só corpo, porque todos participamos do mesmo pão" (1Cor 10,17) [...]. Da presença real, assim expressa simbolicamente na Eucaristia, difunde-se uma infinita irradiação, uma irradiação de amor, de amor permanente, de amor universal. Nem tempo nem espaço lhe impõem limites [...].

O alimento entra naquele que se nutre e vem a estar em comunhão com ele. Jesus quer estar em comunhão com o fiel que recebe a Eucaristia, de tal modo que, habitualmente, dizemos, ao receber este sacramento, que fazemos a "comunhão". Jesus quer não só estar perto, mas em comunhão conosco: podia amar-nos mais? E isto por quê? Porque quer ser, como alimento para o corpo, princípio de vida, de vida nova; ele disse: "Se alguém comer deste pão viverá eternamente..." (Jo 6,51).[2] Aonde chega o amor de Cristo!

[28 de maio de 1970 – Homilia. *Corpus Christi*]

---

[1] *Unitatis redintegratio*, 2.
[2] Cf. Jo 6,48-58.

66. Amor que se comunica

Por que dois alimentos, pão e vinho? Para dar à Eucaristia o significado e a realidade de carne e de sangue, ou seja, de sacrifício, de figura e de renovação da morte de Jesus na cruz. São ainda palavras do Apóstolo: "... sempre que comerdes este pão e beberdes deste cálice, anunciais a morte do Senhor até que ele venha" (1Cor 11,26) [...].O amor de Cristo por nós é a Eucaristia. É o amor que se doa, que permanece e se comunica, amor que se multiplica e se sacrifica, amor que nos une e amor que nos salva. Ouçamos, irmãos e filhos caríssimos, esta grande lição: o Sacramento não é só este denso mistério de verdades divinas, de que nos fala o nosso catecismo; é um ensinamento, um exemplo, um testamento e um mandamento.

Precisamente na noite fatal da última ceia Jesus traduziu, em palavras inesquecíveis, esta lição de amor: "Amai-vos uns aos outros, assim como eu vos amei". Aquele "como" é tremendo! Devemos amar como ele nos amou! Nem a forma, nem a medida, nem a força do amor de Cristo, expresso na Eucaristia, serão possíveis em nós! Mas não é por isso que o seu mandamento, que emana da Eucaristia, requer menos empenho da nossa parte: se somos cristãos, devemos amar: "É por isso que todos saberão que sois meus discípulos: se vos amardes uns aos outros" (Jo 13,34-35).

[28 de maio de 1970 – Homilia. *Corpus Christi*]

67. O "Pão"
para o peregrino terreno

Deus quer aproximar-se dos homens. Quer dizer, o seu desígnio é o de entrar em conversação, em banquete, em comunhão conosco. Ou seja, a história do mundo se caracteriza por etapas desta misteriosa caminhada, o caminho de Deus para os homens, o caminho do homem para Deus. A religião, quer dizer, a relação entre o céu e a terra, entre a vida infinita de Deus (porque Deus é a vida, Deus é o vivente infinito) e a nossa vida humana fraca, humilde, enferma (mas, de qualquer modo, vida ávida de infinito e de perenidade), é semelhante a duas linhas convergentes, que finalmente se encontram, se tocam, fixam-se num só ponto, que é plenitude, que é felicidade, que é vida comunicada à vida humana; é a Eucaristia, é pão do céu para o peregrino terreno, é alimento divino para o fervor humano.

Vista assim, a Eucaristia não é mais o dogma difícil, que está no cume da nossa vida religiosa, mas é a verdade luminosa, que aclara todo o panorama da Bíblia e dos acontecimentos humanos. É o ponto focal, que projeta raios de luz não só sobre a teologia e sobre a história, e sobre os destinos do tempo e do mundo, mas também sobre as nossas pessoas singulares, nas nossas almas singulares.

[28 de maio de 1964 – Discurso. Procissão de *Corpus Christi*]

68. Um só Batismo

Todos os que são batizados, embora separados da unidade católica, estão na Igreja? Na Igreja verdadeira? Na única Igreja?

Sim. Esta é uma das grandes verdades da tradição católica; e o Concílio o confirmou repetidamente[1] [...]. Mas basta o Batismo e certa fé para pertencer plenamente à Igreja? Há de se recordar que essa plenitude, essa perfeita comunhão é exigência profunda e inextinguível da ordem religiosa estabelecida por Cristo. Se é sumamente apreciável a pertença pelo menos inicial ou parcial à Igreja, é igualmente desejável que essa pertença alcance a sua plenitude: a Igreja é una e única; não há igrejas iguais, autônomas e suficientes;[2] a lei soberana da unidade domina intimamente a sociedade religiosa fundada pelo Senhor.

Não nos esqueçamos nunca das palavras formidáveis de São Paulo: "Esforçai-vos por conservar a unidade do espírito pelo vínculo da paz. Sede um só corpo e um só espírito, assim como fostes chamados por vossa vocação para uma só esperança. Há um só Senhor, uma só fé, um só batismo" (Ef 3,3-5). Chamados a essa unidade orgânica e perfeita e "à superação dos obstáculos que se opõe à plena comunhão eclesiástica [e que] o movimento ecumênico visa superar".[3]

---

[1] Cf. *Lumen gentium*, 11.15; *Unitatis redintegratio*, 3.
[2] Cf. Denz. 1685.
[3] *Unitatis redintegratio*, 3.

69. Universalidade da salvação

Dia das missões; pensamento e oração, coração e oferta têm hoje esta direção: as missões católicas. A ideia se encarna e se agita nesta palavra, neste fato, é tão grande, é tão premente e explosiva, poderemos dizer, que nos faz compreender, em medida nova, o gênio do cristianismo, ou seja, a universalidade da salvação trazida por Jesus Cristo à história e ao mundo [...].

Devemos aderir a essa efusão da nossa religião com entusiasmo tanto maior quanto mais claro for o resultado também humano, civil, histórico que daí deriva. Num mundo em que a justiça e a paz ainda são tão precárias e parecem para alguns um ideal inacessível, os cristãos, embebidos pelo ideal apostólico e missionário, devem estar na primeira fila para garantir ao homem a sua liberdade e a sua dignidade.

A sua voz alcança também os homens de Estado responsáveis por garantir os direitos inalienáveis da pessoa humana, à qual Cristo deu consciência nova e prerrogativas superiores, e isso por todos e para todos. São as exigências mesmas do Evangelho que nos obrigam a recordar isto, especialmente neste dia, dedicado à obra missionária, libertadora e redentora, própria da Igreja. Este é um dia da humanidade redimida e a ser redimida.

[18 de outubro de 1970 – *Angelus Domini*]

70. Comunhão na diversidade

A universalidade da nossa religião católica não se limita ao seu conteúdo doutrinal, mas se estende e, podemos dizer, se realiza no conjunto da humanidade; como ela é de maneira natural, superando e abolindo as distâncias, as diversidades, as separações, as discriminações, os antagonismos, os racismos, os nacionalismos, as centenas de dissensões, que mantêm os homens divididos entre eles, e muitas vezes entre os seus inimigos [...].

Aqui somos irmãos, aqui todos somos um, no respeito rigoroso pela personalidade individual e pelos valores particulares individuais. Aqui as barreiras caem, aqui a unidade se torna verdadeiramente ecumênica. Aqui se respira aquele "senso católico" que, para dizer com um autor francês do século passado (Veuillot), é o perfume de Roma. Procurai prolongar por vossa conta a meditação que nasce desta assembleia variegada, heterogênea, composta de pessoas que nem sequer se conhecem, mas que se sentem em perfeita comunhão: na base a humanidade, na cimeira a fé católica.

E a meditação se tornará interessante e comovente para cada um de vós se puderdes perceber que cada um de vós, neste lugar e neste momento, não é um indivíduo separado e insignificante, mas é um membro, um sócio de uma comunhão que une a todos nós e nos faz solidários: a Igreja.

[29 de julho de 1964 – Audiência geral]

71. A unidade dos cristãos

Hoje celebramos a semana para a unidade de todos os cristãos na única fé e na única Igreja, segundo o supremo desejo de Cristo[1] e em conformidade com os votos do recente Concílio ecumênico, o qual declarou abertamente que "o restabelecimento da unidade entre todos os cristãos é uma das principais metas" do Concílio.[2]

Devemos, antes de tudo, agradecer ao Senhor porque uma questão de tanta importância esteja agora presente na consciência da cristandade, e o esteja com particular interesse de reflexão teológica e de caridade ativa no seio da nossa santa Igreja Católica. Esta considera como uma das maiores graças do Senhor, fiel às suas promessas evangélicas, o fato de ter conservado o dom e o sentido da unidade na fé e na caridade. Agora a Igreja desfruta, se impaciente e espera, observando como a busca desta mesma unidade, que podemos qualificar como propriedade misteriosa[3] e constitucional[4] da verdadeira Igreja, está ancorada nas aspirações profundas e muito nobres daquelas igrejas e comunidades cristãs que um dia pensaram poder prescindir de tal unidade e que hoje não estão na plena comunhão da Igreja única e universal.

Questão viva, questão imensa, questão difícil, questão que influencia nas condições não só do cristianismo, mas também da religião, do progresso espiritual e da paz.

[22 de janeiro de 1969 – Audiência geral]

---

[1] Cf. Jo 10,16; 17,11.21.23.
[2] *Unitatis redintegratio*, 1.
[3] Cf. Jo 17, ibid.
[4] Cf. Mt 16,18.

72. A unidade é requerida por Cristo

A unidade é requerida por Cristo. Uma Igreja única deve exprimi-la. A causa da religião exige-o. Se esta verdade representar um dever e um ponto de interesse para os cristãos, a unidade será restabelecida. Já passamos de um movimento histórico e espiritual centrífugo a uma orientação centrípeta. Foram dados passos notáveis, e outros estão atualmente em curso, para transformar esta orientação num movimento em favor da comunhão eclesial e universal.

A popularidade da ideia ecumênica difunde-se, conquistando os espíritos retos e fiéis. O Povo de Deus pensa, reza, trabalha, espera e sofre pela sua plena e autêntica unidade. Estão em curso, em nível oficial e representativo, estudos, encontros, discussões e outras iniciativas, que têm por objetivo [...] a reconciliação e reintegração [...] na única Igreja. Fala-se muito de caridade entre os cristãos até agora separados. Hoje o desprezo, a desconfiança e a indiferença já perderam a sua força. Iniciativas comuns no campo cultural, social e caritativo encontram colaboração fraterna e leal entre católicos e não católicos. O conhecimento, o respeito e o auxílio mútuos aumentam em toda parte.

A perspectiva de que, quanto há de verdadeiro, de bom e de belo nas diferentes expressões cristãs possa ser conservado e integrado na plenitude de uma única confissão de fé, de caridade e de comunhão eclesial, delineia-se numa sincera possibilidade.

[21 de janeiro de 1970 – Audiência geral]

73. Um povo que abrange todos

Como o próprio Cristo vos fez participantes, queridos filhos e filhas, do seu espírito, assim, chamando-vos de muitos povos, de maneira mística vos fez um só corpo. Todos os homens são chamados a fazer parte do único povo de Deus, que permanece unido embora espalhado pelo mundo inteiro e em todos os tempos. Assim se cumpre a vontade de Deus que reúne os seus filhos da dispersão para uni-los.[1] Esta graça da sincera conversão e do desejo da unidade, o Senhor da história, que persegue os seus planos de graça em sabedoria e paciência, derrama abundante e precisamente nestes tempos recentes sobre a cristandade dividida.

Hoje são muitos os homens invadidos por ela, e também entre nossos irmãos separados, sob o influxo da graça do Espírito Santo, nasceu o movimento pela restauração da unidade de todos os cristãos, que cada dia se expande mais.

Com plena alegria o Concílio Vaticano II, que dedica particular cuidado à contribuição para a unidade entre os discípulos de Cristo, levou esse movimento em consideração. O Concílio procura mostrar aos católicos meios e caminhos oportunos para poder responder a esse divino chamado e à graça que contém. Deus enviou o seu Filho, fazendo-o herdeiro do universo a fim de que ele seja Mestre, Rei e Sacerdote de todos, cabeça do novo povo dos filhos de Deus, um povo que abrange todos.[2]

[8 de junho de 1965 – Mensagem ao "*Katholikentag*"]

---

[1] Cf. 1Cor 12,1; Jo 11,52.
[2] Cf. *Unitatis redintegratio*, 1; *Lumen gentium*, 13.

74. Unidade na diversidade

O lugar da vida, paixão e ressurreição de nosso Senhor é o lugar do nascimento da Igreja. Ninguém pode se esquecer de que Deus quis, enquanto homem, escolher para si uma pátria, uma família e uma língua neste mudo, e que isto foi pedido ao Oriente. Ao Oriente pediu os seus apóstolos: "Porque foi primeiro na Palestina que os apóstolos estabeleceram e instalaram as suas igrejas. Depois partiram através do mundo e anunciaram a mesma doutrina e a mesma fé" (Tertuliano).

Cada nação recebia a boa semente da sua pregação na mentalidade e na cultura próprias. Cada Igreja local crescia com a sua mentalidade particular, com seus costumes próprios, sua maneira pessoal de celebrar os mistérios, sem que isso prejudicasse a unidade da fé e a comunhão de todas na caridade e no respeito à ordem estabelecida por Cristo. Esta é a origem da nossa diversidade na unidade, de nossa catolicidade, propriedade que foi sempre essencial à Igreja de Cristo e da qual o Espírito Santo nos dá uma experiência nova em nossa época e no Concílio.

Como a unidade não é católica a não ser no pleno respeito pela diversidade de cada um, assim a diversidade não é católica senão na medida em que olhar para a unidade, servir à caridade, contribuir para a edificação do povo de Deus.

[4 de janeiro de 1964 – Discurso aos
fiéis do culto oriental em Jerusalém]

75. Não se resignar com as separações

Os dramas aflitivos das separações ocorridas nos tempos passados, as polêmicas e os erros doutrinais que marcaram tais separações, os conflitos políticos e os interesses divergentes que se seguiram, o dever e a necessidade de defender uma retidão doutrinal e de conservar o contexto eclesial, as advertências da autoridade e da lei canônica, produziram no nosso campo um estado de ânimo de defesa e desconfiança em relação aos cristãos separados, os quais devemos agora olhar com espírito novo.

Qual é este novo espírito? É um espírito, antes de tudo, de saudade e de desejo de humildade, de caridade e de esperança. Não podemos mais resignar-nos às situações históricas da separação. Não podemos mais contentar-nos com uma simples atitude de defesa. Devemos, pelo menos, sofrer as feridas ocorridas no Corpo místico e visível de Cristo, que é a Igreja una e única.

Devemos reconhecer humildemente a parte de culpa que os católicos possam ter tido nessas ruínas. Devemos apreciar o que o patrimônio cristão dos irmãos separados conservou e cultivou de bom. Devemos rezar, rezar muito e de todo coração, para merecer que essas ruínas sejam reparadas. Devemos retomar, evidentemente com a dignidade e a prudência próprias das questões graves e difíceis, os contatos corteses e amigáveis com os irmãos que ainda estão separados de nós.

[22 de janeiro de 1969 – Audiência geral]

76. Esforço de compreensão

Algumas vezes podemos aprender com o próximo a compreender e a viver melhor alguns aspectos da nossa fé, e, assim, estamos em condições de modificar a nossa antiga mentalidade, fechada e desconfiada em relação aos irmãos separados. A seguir, devemos envidar um esforço cheio de amor para compreendê-los, esforço este que nem sempre fizemos devidamente. Devemos reconhecer o que eles têm de bom e, em muitas coisas, devemos aprender com eles a maneira de aperfeiçoar a nossa cultura religiosa e humana, a nossa educação sobre a justa tolerância, a verdadeira liberdade e a pronta generosidade.

E devemos procurar dissipar os temores instintivos, que muitos deles nutrem para com a Igreja católica; por exemplo, o temor do nosso Credo, mostrando-lhes, talvez mais com o exemplo e com a naturalidade da nossa psicologia de católicos fiéis, que a adesão objetiva à verdade, que a Igreja apresenta à nossa fé, não é homenagem excessiva a formulações arbitrárias e alteradas da Palavra de Deus, mas, sim, a aceitação de proposições autênticas e unívocas desta mesma Palavra [...].

O caminho do ecumenismo, ou seja, o caminho para a recomposição da unidade entre os cristãos é difícil. Mas também não é, porventura, muito belo? Não promove, por acaso, no próprio catolicismo, um processo de cuidadosa purificação, uma verificação de identidade [...]? Não abre, talvez, diante de nós, esperanças fundadas nas promessas do Espírito?

[20 de maio de 1971 – Audiência geral]

77. Não duvidar da Igreja

Os católicos se encontram numa posição delicada: antes de tudo, devem manter a própria fidelidade e certeza, sem duvidar da sua Igreja, a Igreja Católica, embora ela apresente, na sua história, e até mesmo atualmente, alguns aspectos censuráveis; mas o seu credo, a sua relação com Cristo, o seu culto, o seu tesouro sacramental e moral, a sua estrutura institucional, numa palavra, a sua definição doutrinal e prática não devem ser postas em causa. Não temos o direito de fazer isso. Se puséssemos em dúvida a nossa autêntica profissão católica, com a finalidade de encontrar um terreno comum de bom entendimento, ou renunciássemos às suas exigências concretas, seria faltar à irrenunciável responsabilidade que temos perante Cristo e perante os nossos irmãos separados.

O irenismo, o acordo puramente pragmático e superficial, as simplificações doutrinais e disciplinares e a adesão aos critérios que causaram as separações, que agora lamentamos, só produziriam ilusões e confusões. Ficaríamos apenas com uma aparência do nosso catolicismo, e não com a sua vida e com o Cristo vivo que ele traz consigo.

Esta clareza e esta firmeza interrompem, porventura, o diálogo ainda antes de começar? Não, de forma nenhuma; tornam-no até possível e necessário. Necessário, porque só a posse de uma fé, que julgamos verdadeira e indispensável, nos torna idôneos para o diálogo e constitui a condição necessária para a sua frutuosa realização; possível, porque este zelo pela fé é fonte de inumeráveis recursos para o diálogo que nos interessa.

[20 de janeiro de 1971 – Audiência geral]

78. Aqueles que buscam Deus

Difundiu-se pelo mundo moderno um fenômeno de obscuridade religiosa, à maneira de uma noite espiritual. A ciência que abre tantos caminhos para a verdade natural, que é vigília da verdade sobrenatural, em vez de aumentar o sentido religioso, enfraquece-o e adormenta-o. Ousa-se até afirmar que "Deus morreu". Não, Deus não morre. O sol não se apaga. São os nossos olhos que, ofuscados pela luz do conhecimento científico, se fecharam e já não veem a aurora divina, que surge também no horizonte racional [...].

Cristo aparece no meio destas trevas inverossímeis à maneira de uma centelha, de uma estrela. Quem sabe descobri-lo, quem sabe conhecê-lo, quem crê nele, entra numa nova zona de luz que não só ilumina o mundo superior, o reino dos céus, mas derrama também raios de inteligência e de sabedoria sobre o reino da terra, sobre o mundo da vida terrena. É um drama, filhos caríssimos, estupendo e, ao mesmo tempo, trágico, embora devesse ser para todos somente estupendo. A luz da revelação, a luz da fé é para todos. É esta a segunda questão, a questão do apostolado, como problema ecumênico e missionário. Sim, a fé é para todos, mesmo que, de fato, o seja somente para aqueles que a procuram, a aceitam e a vivem. A Epifania, como vedes, ou melhor, como poderéis ver se nela pensardes, é uma festa decisiva para a fé e para a vida.

[6 de janeiro de 1970 – *Angelus Domini*]

79. Celebramos o mistério da fé

"Tomai e comei: isto é o meu corpo...; tomai e bebei: este é o cálice do meu sangue."

O convite pascal, porque tal era aquela ceia ritual,[1] devia ser objeto de uma recordação inesquecível, mas sob um aspecto novo, não o da morte e da consumação do cordeiro, sinal e penhor da antiga aliança, mas sob o do pão e do vinho, transubstanciados no corpo e no sangue de Jesus.

O ágape naquela altura torna-se um mistério. A presença do Senhor faz-se viva e real [...].

Ficamos como que atônitos. Até porque este prodígio é precisamente o que o Senhor nos disse para recordarmos, ou melhor, renovarmos. Ele disse aos apóstolos "fazei isto", e, portanto, transmitiu-lhes o poder de repetirem o seu ato de consagração, e não só de pensarem nele, mas também de o realizarem novamente. O sacramento da sagrada ordem, como guarda e como fonte do sacramento da Eucaristia, foi, juntamente com este, instituído naquela noite única. Ficamos atônitos e logo tentados: mas é verdade? É mesmo verdade? [...]

Esta é uma hora decisiva, a hora da fé, a hora que aceita integralmente, embora incompreensível, a Palavra de Jesus. A hora em que celebramos o "mistério da fé", a hora em que repetimos, com cego e consciente abandono, a resposta de Simão Pedro: "Senhor, para quem havemos de ir? Tu tens palavras de vida eterna" (Jo 6,68).

[26 de março de 1970 – Homilia. Missa na "Ceia do Senhor"]

---

[1] Cf. Lc 22,7s.

80. Pela esperança fomos salvos

A ressurreição de Cristo é a inauguração de uma ordem nova e universal. Uma energia nova é infundida na criação e uma palingenesia libertadora está se preparando, e "também nós que possuímos os primeiros frutos do Espírito gememos dentro de nós mesmos, aguardando a adoção, a redenção do nosso corpo (mortal). Pela esperança é que estamos salvos" (Rm 8,23-24). Assim o Apóstolo; assim nós, enquanto o nosso pensamento corre para os que precisam de esperança.

Nós temos o dom de esperança pascal para todos, para vós, diletíssimos, que nos escutais. Não deixeis vossas almas se entristecerem com a visão das adversidades das coisas deste mundo difícil, com a inanidade dos esforços do bem, com a crescente *"potestas tenebrarum"*, com a caducidade das esperanças fundadas sobre a areia movediça do tempo que passa; fundai a vossa esperança na Palavra que não passa, nos bens que valem verdadeiramente a pena serem desejados, na vida superior e ulterior à qual nos convida a vocação cristã [...].

E para vós que sofreis, para vós que sois humildes e pobres, para vós que chorais, para vós que tendes fome e sede de justiça, para vós que quereis ser agentes de paz, para vós que por vossa fé sofreis o peso da coação. Nós vos recordamos a mensagem da grande e invicta esperança, mensagem lançada por Cristo no mundo e nos séculos, com o cântico das bem-aventuranças evangélicas.

[26 de março de 1967 – Mensagem *Urbi et Orbi*. Páscoa]

81. Necessidade de esperança

Apercebemo-nos de que na humanidade é sentida uma necessidade dolorosa e, em certo sentido, profética, de esperança, que se pode comparar à necessidade da respiração para a vida. Não é possível viver sem esperança! A atividade do homem é mais condicionada pela expectativa do futuro do que pela posse do presente. O homem tem necessidade do finalismo, do encorajamento e da prelibação da alegria futura. O entusiasmo, que é a mola real da ação e do risco, não pode surgir senão de uma esperança forte e serena. O homem tem necessidade de otimismo sincero e não ilusório.

Pois bem, homens amigos que nos ouvis: nós estamos em condições de vos dirigir uma mensagem de esperança. A causa do homem não só não está perdida, mas encontra-se, ao invés, em segura vantagem. As grandes ideias, que constituem os grandes faróis do mundo moderno, não se apagaram. A unidade do mundo há de ser realizada.

A dignidade da pessoa humana será, não apenas formalmente, mas sim realmente reconhecida. A intangibilidade da vida, desde o seio materno até à última fase da velhice, virá a ter um apoio efetivo. As indevidas desigualdades sociais serão aplanadas. [...].

A fraqueza humana, a deterioração gradual das metas alcançadas, a dor, o sacrifício e a morte temporal não poderão ser abolidos; mas toda a miséria humana poderá vir a ter assistência e conforto; melhor, poderá vir a conhecer aquele supervalor, que o nosso segredo é capaz de conferir a toda e qualquer decadência humana. A esperança não se extinguirá.

Toda a esperança se funda numa certeza, numa verdade, a qual, no drama humano, não poderá ser somente experimental ou científica. A autêntica esperança, que deve amparar o homem no seu caminho, funda-se na fé. Esta, efetivamente, na linguagem bíblica, "é o fundamento das coisas que se esperam" (Hb 11,1); e, na sua realidade histórica, é o acontecimento, é aquele, que hoje celebramos: Jesus ressuscitado!

Não se trata de um sonho, nem de uma utopia, nem de um mito; é realismo evangélico! E, neste realismo, nós, crentes, fundamos a nossa concepção da vida, da história e da própria civilização terrena, que a nossa esperança transcende, mas, ao mesmo tempo, impulsiona para as suas ousadas e confiantes conquistas. Não é este o momento propício para nos determos a explicar-vos as razões válidas deste paradoxo; ou seja, como é que nós, homens da esperança transcendente e eterna, podemos sustentar, e com quanto vigor, as esperanças do horizonte temporal e presente; disso falou sapiente e amplamente o recente Concílio.

Mas, por outro lado, é este o momento em que a nossa voz se torna eco da voz do vencedor, Cristo Senhor: "tende confiança, eu venci o mundo" (Jo 16,33); e da voz do evangelista intérprete: "a vitória que vence o mundo é a nossa fé" (1Jo 5,4).

[4 de abril de 1971 – Mensagem *Urbi et Orbi*. Páscoa]

82. Amor e dom de si

Somos reconduzidos à lembrança do mistério, hoje comemorado, da apresentação de Jesus ao Templo, ou seja, à oblação da sua vida, humana e divina, a Deus Pai, para cumprimento dos desígnios messiânicos que convergem acima dele, feito, na história do mundo e nos destinos dos homens, "sinal de contradição" (Lc 2,34). E pensamos que uma concepção sacrifical comum da nossa vida se exprime assim.

Queremos fazer da nossa vida uma oferta, uma oblação. Queremos dar à nossa existência este significado e este valor. É a antiga e perene ideia religiosa que desse modo se afirma na filosofia, ou melhor, na sabedoria do nosso conhecimento humano e cristão, e que se manifesta no gesto desta apresentação dos círios, como se cada um de vós dissesse ao Senhor [...]: a minha vida é tua, por ti, ó Deus, me foi dada, a ti, ó Deus, a restituo.

O dom recebido da existência é, de fato, uma expressão do sumo amor por nós; amando-nos, Deus nos criou; e este ato é, se prestarmos atenção, uma pergunta tácita, mas urgente: "dou-te o dom da vida para ter um interlocutor consciente diante de mim: tu me amas?". Nós tivemos a sorte de intuir essa interrogação divina, na qual se concentra o porquê profundo da nossa existência; timidamente primeiro, talvez depois audaciosamente, impetuosamente, ousamos dizer: "Sim, ó Senhor; a minha vida deve ser um a resposta de amor ao amor".

[2 de fevereiro de 1970 – Discurso. Festa da Candelária]

83. Oferta de nós mesmos

O que é oblação? É oferta, que reconhece não só um direito divino em relação a nós e quer responder a ele como pode, mas com gesto de amor análogo. É um ato reflexo, que assume significado de resposta. Um plano divino de amor nos circunda. Dele nos veio todo benefício. Tudo o que somos é dívida, é um dom daquele que por primeiro nos amou.

A nossa oblação significa, antes de tudo, que nos apercebemos desse amor primigênio, que percebemos o sentido interrogativo que ele encerra.

Compreendemos que acima de nós paira uma expectativa divina, que põe a nossa liberdade à prova, um convite que deve ser verificado, verificação da qual depende o nosso destino. Daqui nasce o nosso *"fiat"*, o nosso sim religioso e cristão.

A oblação é sinal da nossa consciência cristã; e algo mais: quer ser aceitação, confirmação, adesão voluntariamente reduplicada. Por isso a vida cristã encontra na oblação, ou seja, na oferta consciente e voluntária da alma à vocação do amor de Deus, a sua expressão primeira e essencial; e quando a oblação se torna total e perpétua, gera uma condição de existência, um gênero de interpretação cristã, um estado de comportamento espiritual e moral, que chamamos de vida religiosa. É a resposta total à hipótese apresentada por Cristo aos seus seguidores mais lógicos e mais generosos. "Se quiseres ser perfeito..." (Mt 19,21).

[2 de fevereiro de 1971 – Discurso. Festa da Candelária]

VI
Cremos na vida eterna
Compromisso e diálogo com Deus e com o homem

84. Fixar o coração onde Cristo está

Devemos fixar pensamento e coração lá onde Cristo está, além dos confins da vida presente, à qual ele um dia, no último dia da história temporal da humanidade, voltará, vencedor, juiz, instaurador de um novo reino de vida e de felicidade.

A base da nossa concepção da vida deve estar lá, naquele termo transcendente e supremo, no seu eixo final, que é exatamente o Cristo glorioso. Sabeis como hoje se chama este modo de conceber a vida presente: escatológico, ou seja, final, último.

De modo diferente da mentalidade do homem sem a luz da fé, que procura neste mundo o sentido da vida e a sua felicidade, a mentalidade do cristão transfere para além do cenário presente a meta dos seus desejos, e se considera peregrino neste mundo.

Vive-se de esperança. O cristão coloca a sua esperança lá onde ela não falha; e ele se sente vinculado a este mundo presente por muitos deveres, mas por nenhuma esperança definitiva. O coração do cristão já está perto de Cristo e antegoza a alegria daquele encontro final com ele [...].

Tende o desejo de Cristo! O desejo profundo de vê-lo, de encontrá-lo e de vivê-lo plena e eternamente. O desejo de Cristo glorioso. Esta é a lâmpada dos nossos passos na caminhada da vida.

[26 de maio de 1965 – Audiência geral]

85. Temos necessidade de Cristo

Ninguém se iluda. Cristo é exigente. O caminho de Cristo é um caminho estreito. Para ser digno dele é necessário levar a própria cruz. Não é suficiente ser religioso, é preciso cumprir realmente a vontade divina.[1] E o Concílio vem dizer que, se tivermos consciência daquilo que o Batismo opera no nosso ser humano regenerado, deveremos sentir-nos obrigados a viver como filhos de Deus, segundo as exigências de perfeição e santidade, que derivam exatamente da nossa elevação à ordem sobrenatural.[2]

Que ninguém se admire. A perfeição a que somos chamados, em virtude da vocação cristã, não complica nem agrava a nossa vida, embora requeira a observância de muitas normas práticas, que se propõem ajudar, mais do que dificultar, a nossa fidelidade.

A perfeição cristã exige-nos, antes de tudo, a investigação dos princípios fundamentais do nosso ser humano. Os nossos deveres procuram adequar-se ao nosso ser. Devemos ser o que realmente somos.

É este o critério da lei natural, hoje tanto em discussão, mas que a simples razão reivindica nas suas exigências fundamentais[3] [...].

Não podemos, porém, deter-nos aqui. Devemos entrar na visão realista da fé, que nos demonstra a fatal incapacidade do

---

[1] Cf. Mt 7,14; 10,38; 7,21.
[2] Cf. *Lumen gentium*, 40.
[3] Cf. *Gaudium et spes*, 36.

homem de ser bom e justo apenas com as suas forças [...]. Temos necessidade de ser salvos. Temos necessidade de Cristo.

[4 de março de 1970 – Audiência geral]

86. Ir em direção da vida

A vida cristã, que se apresenta a nós como cruz, que nos obriga a tanta fidelidade, a tantas renúncias, é feliz, e feliz em dois tempos: aqui na terra, pois, se quisermos ser felizes também no tempo, não temos escolha melhor do que ser cristãos; quem é mais cristão, é mais feliz; quem deu tudo, reconquistou tudo; quem se consagrou a Cristo, foi na alegria; mas quem segue o Senhor sem generosidade, sem entusiasmo, sente o peso da cruz, enquanto aqueles que seguem Jesus com força, com constância, sentem que a sua cruz tem asas e, em vez de pesar, transporta.

O cristianismo transforma a vida e as experiências das quais é rica em felicidade que não será medida segundo os critérios da alegria mundana e exterior; mas numa paz, numa alegria do coração que não tem comparação e que é a verdadeira felicidade que se pode desfrutar neste mundo: a felicidade cristã. E depois há uma promessa, uma visão, uma meta: não vamos em direção à morte, às trevas, ao vazio, ao nada, mas vamos em direção à vida, à luz, à plenitude, ao ser, ao oceano que é Deus. Ter diante dos olhos [...] a comparação – que foi feita tantas vezes – entre a vida cristã e um navio.

Quem é fiel e embarcou nessa nave sabe aonde vai: o timão e o leme que guia e conduz a nave é a cruz, o porto é a vida eterna, é o encontro revelador de Cristo, é a visão – na plenitude da felicidade e da vida – de Deus que é o Ser.

[19 de abril de 1964 – Homilia]

87. O nosso verdadeiro destino

Pensemos, filhos caríssimos, no ensinamento espiritual que a festa de hoje da Ascensão de Nosso Senhor nos dá. É um duplo ensinamento, que diz respeito à filosofia da vida ou, melhor dizendo, à concepção da vida cristã. Devemos, antes de tudo, olhar para o alto, ou seja, pensar na realidade da existência futura, a qual constitui o nosso verdadeiro destino, um destino do qual apenas intuímos a plenitude do nosso ser, a felicidade da superação de todas as deficiências e dos sofrimentos da vida presente, a recomposição da nossa unidade vital, do nosso corpo mortal com a nossa alma imortal, e isso por virtude e na comunhão alegre de Cristo, nosso verdadeiro Salvador e premissa gloriosa daquela misteriosa existência prometida.

Olhar para o alto: é isto que nos esquecemos de fazer quando nos falta fé e quando colocamos toda a nossa esperança nas realidades sedutoras, mas efêmeras do tempo. É a nuvem que escurece o horizonte do mundo presente. E depois, segundo o ensinamento, olhar para baixo, ou seja, olhar de novo para a terra e para o tempo em que agora se desenvolve a nossa experiência humana. Olhar de novo, mas guiados pela visão – da qual falávamos – do céu para dar às coisas da terra o seu justo valor e para fazer da nossa passagem no tempo uma caminhada, uma peregrinação consciente das suas responsabilidades e da sua meta.

[23 de maio de 1968 – *Regina coeli*]

88. Voltar à casa de Deus

Se vós fostes pobres filhos do mundo que perderam o caminho do bem e não sabem como voltar à casa de Deus Pai, se ele quisesse vos tomaria pela mão; melhor, como está figurado na parábola da ovelha perdida, está pronto a colocar-vos nos ombros e carregar-vos ao redil da sua justiça.[1]

Desejaria que chegásseis a compreender a vossa dignidade que deriva do Natal de Cristo. "Ele é a luz que ilumina todo homem que vem a este mundo" (Jo 1,9). Vós estais na primeira fila. E compreendeis então que conforto, antes de tudo, pode nascer em vosso coração ao pensar que alguém (e é Cristo) reconhece o respeito, a justiça e o direito que me são devidos. É Cristo. É o mestre, é o libertador, é o salvador, e é meu!

Podeis então compreender como dessa relação entre vós e Cristo, a relação que nasce do seu amor, e que vos associa à grande família humana amada e salva por ele, a Igreja, pode e deve nascer uma nova maneira de ser homens: tornemo-nos todos filhos de Deus, todos irmãos. Não deve haver precisão de recorrer ao ódio, à guerra, à violência, à intriga para instaurar uma ordem melhor na convivência humana, ou seja, na sociedade. Se Cristo deveras a penetra e a alicerça com o seu amor, devemos, podemos esperar que um mundo melhor nasça finalmente.

[25 de dezembro de 1972 – Homilia. Natal]

---

[1] Lc 15,5.

89. A palavra nos guia além do tempo

Aquele Cristo que, naquela noite feliz, mediante a maternidade virginal de Maria, inseriu-se na história e nos destinos da humanidade, vive ainda. Vive na plenitude de uma glória para nós ainda sem nome possível e sem conceito adequado, na vida celeste. Mesmo estando lá, vive ainda aqui, no meio de nós, renascendo continuamente, como nascente na sua fonte, no seu Corpo místico que é a Igreja, e ainda difunde no mundo a sua verdade e a sua graça. Ele era, diz o Evangelista, "cheio de graça e de verdade" (Jo 1,14).

A sua verdade, ou seja, a sua palavra, que atualiza entre nós o seu pensamento, é nossa mestra de vida, revela-nos quem é Deus. Ensina-nos quem é o homem. Diz-nos o que devemos fazer e amar. Faz-nos ver no homem que sofre, ainda mais que um irmão, a ele mesmo. Restitui-nos à liberdade, à dignidade, à espera do homem ideal. Torna-nos capazes de bondade, de justiça e de paz. É a luz do mundo.

E para que tão luminosa e alta palavra não cegue os nossos olhos fracos e não oprima nem confunda a nossa fraqueza inata, ele a corrobora com um socorro misterioso e poderoso: a ação do seu Espírito. Este é o Natal. Esta é a encarnação que, partindo de Cristo, investe a humanidade, e a sacode, a desperta, a atormenta, a regenera agora, no tempo, a fim de guiá-la, além do tempo, para a eternidade.

[20 de dezembro de 1968 – Mensagem natalícia à cidade de Taranto]

90. Deus é a alegria, a nossa alegria

Deus é livre para se apresentar a nós como a sua inexaurível vontade criativa dispõe. E uma hipótese de uma presença dele encontra o nosso espírito incapaz de percebê-la, ou temeroso de ter alguma experiência dela,[1] ou então extraordinariamente feliz pela exuberante bondade, beleza, intimidade e comunicabilidade com a qual Deus quis, de fato, manifestar-se [...]. Esta é a verdadeira religião, a nossa religião, a nossa espiritualidade: a alegria de Deus. Este é o presente que Cristo traz a nós ao nascer para o mundo: a alegria de Deus.

Agora, aqui está a pergunta para hoje: conseguiremos levar os homens do nosso tempo a entender esta mensagem religiosa? Deus é a alegria, a nossa alegria. Quem nos escuta? Quem crê verdadeiramente em nós?[2] Talvez não consigamos. Não acreditam em nós os homens do pensamento, engolfados que estão nos problemas da dúvida; não acreditam em nós os homens da ação, fascinados que estão pelo esforço de conquistar a terra; não acreditam em nós as pessoas comuns, que não toleram meditações interiores. É o destino do Evangelho da humanidade [...].

Deus permanecerá problema, permanecerá negação para muitos aos quais, no entanto, ele soa próximo; a indiferença, a

---

[1] Cf. Lc 5,8.
[2] Cf. Rm 10,15-16.

apatia, a surdez, a hostilidade extinguiram a voz beatificadora. Haverá até quem a rejeite exatamente porque é beatificadora: não é talvez, dirão, o ópio do povo? Como reação nós teremos o nosso anúncio para repetir: Deus é a alegria.

[20 de dezembro de 1972 – Audiência geral]

91. Penhor de felicidade

Permaneça, no entanto, o anúncio adquirido na história religiosa da humanidade: o cristianismo ofereceu, como primeiro e último dom, este dogma, esta teologia, esta espiritualidade: a felicidade, que pode ser alcançada pelo homem, em Deus, mediante Cristo, no Espírito Santo. Permaneça esta impávida certeza: Deus é a verdadeira, a suprema felicidade do homem.

Permaneça esta estupenda pedagogia para ensinar às nossas crianças, aos nossos jovens alunos, o nosso catecismo; sim, a fé é mistério, Cristo carrega a cruz, a vida é dever, mas, sobretudo, Deus é a alegria. Permaneça para vós pobres, para vós, aflitos, para vós, famintos de justiça e de paz, para vós todos, que sofreis e chorais: o Reino de Deus é para vós, e é o Reino da felicidade que conforta, que compensa, que dá verdade à esperança.

Permaneça para vós, eleitores espirituais de Cristo: ela fala em vosso coração de felicidade e de paz; e com este inefável dom ele não aplaca, nesta vida presente, a vossa busca, a vossa sede oceânica; hoje a sua felicidade é apenas uma prova, uma antecipação, um penhor, uma iniciação; a plenitude da vida virá amanhã, depois desta jornada terrena, mas virá quando a própria felicidade de Deus estiver aberta àqueles que hoje a buscaram e antegozaram. Deus é a alegria!

[20 de dezembro de 1972 – Audiência geral]

92. Igreja que reza

A Igreja é a humanidade que encontrou, por meio de Cristo, único e sumo sacerdote, o modo autêntico de rezar, isto é, de se dirigir a Deus, de falar com Deus e de falar de Deus. A Igreja é a família dos adoradores do Pai "em espírito e verdade" (Jo 4,23). Nesta altura, seria interessante estudar novamente o motivo da ambivalência da palavra "Igreja", que é atribuída ao edifício construído para a oração, e à assembleia dos fiéis, que são "Igreja", quer estejam dentro ou fora do templo que os reúne em oração.

Pode-se, então, também, notar que o edifício material, destinado a acolher os fiéis em oração, pode e, num certo grau (aqui cheio de majestade), não só deve ser um lugar de oração, *domus orationis*, mas também um sinal de oração, um edifício espiritual, uma oração, uma expressão de culto, uma arte para o espírito [...]. *Ecclesia orans*, Igreja que reza.

Esta característica profundamente religiosa da Igreja é-lhe essencial e providencial. Ensina-o o Concílio com a sua primeira Constituição, que se refere à Sagrada Liturgia. E nós devemos recordar a necessidade e a prioridade desta característica da Igreja. O que seria da Igreja sem a oração? O que seria do cristianismo, se não ensinasse aos homens como podem e devem entrar em contato com Deus? Seria um humanismo filantrópico ou uma sociologia puramente temporal?

[22 de abril de 1970 – Audiência geral]

93. Somos templo de Deus

A vida litúrgica bem cultivada, bem assimilada pelas consciências e pelos hábitos do povo cristão [...] há de trazer à Igreja uma nova primavera de vida religiosa e cristã. Mas, ao mesmo tempo, devemos lamentar que a oração pessoal diminua, ameaçando, deste modo, a própria liturgia de empobrecimento interior, de ritualismo exterior, de prática puramente formal.

O sentimento religioso pode enfraquecer com a falta destas duas características indispensáveis da oração: a interioridade e a individualidade. É preciso aprender a rezar também interiormente e sozinho. O cristão deve cultivar a oração pessoal. Cada alma é um templo, como disse São Paulo: "Não sabeis que sois templos de Deus e que o Espírito de Deus habita em vós?" (1Cor 3,16).

E quando entramos neste templo da nossa consciência, para adorar nele o Deus presente? Somos talvez almas vazias, embora cristãs, almas ausentes de si mesmas, esquecidas do misterioso e inefável encontro, que Deus, o Deus uno e trino, exatamente dentro de nós, se digna oferecer ao nosso colóquio filial e extasiado? Não recordamos, porventura, as derradeiras recomendações do Senhor na última Ceia: "Se alguém me ama, guardará a minha palavra; meu Pai o amará, e nós viremos e faremos nele a nossa morada" (Jo 14,23)?

[22 de abril de 1970 – Audiência geral]

94. Falar a Deus dos acontecimentos humanos

O horizonte da oração abre-se para a história, que tem o seu centro na inserção de Cristo, Deus feito homem, nos destinos da humanidade. Por isso é preciso que renovemos a nossa atitude para com a oração, entendida no sentido da tensão a atingir Deus, que se revela a nós não só como a fonte da sabedoria e do poder, que preside a ordem natural do universo, mas também como origem da bondade e do amor, de uma nova ordem, na qual o homem é chamado a uma comunhão vital e sobrenatural com o próprio Deus, que, como diz a sagrada Escritura, "apareceu na terra e viveu no meio dos homens" (Baruc 3,38).

Podemos dirigir a Deus uma oração nova e com esperança nova. Sentimo-nos autorizados a apresentar a Deus, através de Cristo, no mesmo Espírito que fala em nós, os acontecimentos humanos do dia a dia que se referem, sob algum aspecto, à nossa salvação.

O Pai celeste aceita dos nossos lábios a invocação pelo pão, qualquer pão, do qual a nossa fome tem precisão. Então os próprios acontecimentos da nossa experiência, tanto cotidiana quanto histórica, podem se tornar temas do nosso colóquio orante com o Deus escondido no seu infinito mistério, mas próximo de nós no seu plano, na sua "economia", de bondade efusiva e salvadora.

[30 de novembro de 1975 – *Angelus Domini*]

95. A busca de Deus

Por que Deus está escondido? Por que Deus é misterioso? Por que Deus é silencioso? Estas e tantas perguntas assediam o nosso espírito curioso e que não tolera os atrasos de Deus, e ignora os seus desígnios! Por ora nos contentemos com uma resposta só e imparcial: Deus se esconde e se faz procurar! A sua revelação na história e nas almas tem tempos que não coincidem com os relógios dos nossos cálculos humanos; a sua revelação tem modos que não se enquadram com as formas da nossa conversação terrena. Ademais é certo que Deus, exatamente com o véu do seu mistério inacessível, atrai a nossa busca numa escala de conhecimento, que ao subir nos transforma de seres inferiores em superiores e nos faz passar do nível material e sensível ao nível racional e espiritual, de uma ordem natural a uma ordem sobrenatural.

O encontro com Deus pode acontecer como, onde e quando ele quer. Conhecemos, porém, a linha das suas preferências, sendo a primeira delas, pelo que diz respeito a nós, o desejo da nossa parte, a busca, a oração. A oração é a nossa vigília à espera da luz [...].

O Advento que estamos celebrando nos ensina por meio dessa ascensão espiritual.

[12 de dezembro de 1973 – Audiência geral]

96. O sepulcro vazio

Aproximamo-nos da Páscoa, dos dias dedicados à memória da paixão e da ressurreição de Jesus Cristo nosso Senhor; e não só à memória histórica e distante destes acontecimentos extraordinários, mas à mística renovação no mundo hodierno, na Igreja toda e em cada cristão crente.

Este acontecimento anual, renovador da vida espiritual, encontra o homem moderno mais preparado do que nunca, até prevenido para a adesão e a compreensão da sua realidade religiosa [...].

Inclusive para certos cristãos a tentação hoje é a de fazer por si uma ideia de um cristianismo secularizado, sem um conteúdo doutrinal preciso e sem a corrente vital que seja própria do nosso cristianismo vivo, verdadeiro e sacramental, mas de maneira mutável adaptado a situações humanas, sociais e políticas; convertido assim àquele mundo que ele deveria, por sua vez, converter-se.

Se é verdade que o campo do "sagrado" deve ser purificado de tantas vegetações, superstições fenomenológicas e fantásticas abusivas, permanece sempre verdadeiro que ele tem a sua existência legítima e soberana; e é nesse campo que se ergue a cruz de Cristo e se coloca o sepulcro vazio do Ressuscitado; e é com a fé, da qual a Igreja é mestra, que podemos aí encontrar, cautelosos e seguros, humildes e alegres, cidadãos tão mais autênticos da terra e da história quanto mais somos iniciados na cidadania do reino dos céus.

[16 de março de 1969 – *Angelus Domini*]

97. O Pai que dialoga conosco

Hoje, primeiro domingo do Advento, quer dizer, de preparação para o Natal, a Igreja começa o seu ciclo litúrgico, retoma desde o princípio a sua conversa com Deus; repensa e representa nas suas razões tanto históricas como espirituais, finais, o grande, o supremo problema, o problema religioso, o problema das nossas relações com o mistério de Deus. A Igreja resolve este problema vivendo-o, ou seja, orando.

E a Igreja reza. Quer dizer, nós, filhos caríssimos, nós que somos a Igreja, partimos de uma verdade basilar: a nossa insuficiência, a nossa necessidade de viver, de conseguir aquilo que mais desejamos e que mais nos falta, a saber, a luz, a verdade, a segurança de ser, no fim, salvos e felizes. Aqui está o homem todo, no drama da sua grandeza e da sua miséria, na abertura total da sua humildade, para o infinito. É o seu *De profundis*, a sua busca, como a de um cego que caminha no deserto.

Há, porém, outra verdade basilar para o nosso "sistema" religioso: a nossa busca não é vã, a nossa oração não se dissipa no vazio. Há quem nos espera, há quem nos escuta, há quem vem ao nosso encontro. Há uma providência, há uma bondade infinita suspensa acima de nós. Há Deus, há o Pai, que ouve a nossa conversa. Rezar não é inútil. Rezar é uma conversa, extremamente exaltadora e confortadora.

[30 de novembro de 1969 – *Angelus Domini*]

98. Deus responde sempre

O ponto essencial de encontro com o mistério religioso, com Deus, está dentro de nós, está na cela interior do nosso espírito, está naquela atividade pessoal que chamamos de oração. É nessa atitude de busca, de escuta, de súplica, de docilidade,[1] que a ação de Deus normalmente nos atinge, nos dá luz, nos dá sentido das coisas reais e invisíveis do seu reino, nos faz bons, nos faz fortes, nos faz fiéis, nos faz como ele nos quer.

A vós, irmãos e irmãs consagrados ao Senhor, nós dizemos: tendes o direito e o dever de manter uma conversa íntima com ele; a vós, jovens, ávidos por encontrar a chave do século novo; a vós, cristãos, que quereis descobrir a síntese possível, purificadora e beatificadora da vida vivida, hoje, e a da fé que vos é cara; a vós, homens de nosso tempo, lançados no turbilhão de vossas ocupações obsessivas e que sentis a necessidade de uma certeza e de um conforto que nada no mundo vos dá; a vós todos dizemos: orai, irmãos! *Orate, fratres!*

Não vos canseis de tentar fazer surgir do fundo do vosso espírito, com a vossa voz íntima, isto: Tu, voltado para o Deus inefável, para esse outro misterioso que nos observa, nos espera, nos ama; e certamente não sereis desiludidos nem abandonados, mas provareis a alegria nova de uma resposta inebriante: *Ecce adsum*, aqui estou.[2]

[13 de agosto de 1969 – Audiência geral]

---

[1] Cf. Jo 6,45.
[2] Cf. Is 58,9.

99. Rito e mistério

Ninguém há de querer atribuir a redução da oração pessoal, e sobretudo da vida espiritual, da religiosidade interior, da "piedade", entendida como devoção, como expressão do dom do Espírito Santo pelo qual nos dirigimos a Deus na intimidade do coração com o nome familiar e profundo do Pai,[1] à liturgia, quer dizer, à celebração comunitária e eclesial da Palavra de Deus e dos mistérios da redenção.[2] [...] A liturgia tem um primado seu, uma plenitude sua e, por si mesma, uma eficácia que todos devemos reconhecer e promover. Mas a liturgia, por sua natureza pública e oficial na Igreja, não substitui, não empobrece a religião pessoal.

A liturgia não é somente rito. É um mistério. E, como tal, exige a adesão consciente e fervorosa dos que tomam parte nela. Ela supõe a fé, a esperança e a caridade, e tantas outras virtudes e sentimentos, atos e condições, como a humildade, o arrependimento, o perdão das ofensas, a intenção, a atenção, a expressão interior e vocal que dispõe o fiel a mergulhar na realidade divina, que a celebração litúrgica torna presente e operante.

A religião pessoal, na medida do possível a cada um, é condição indispensável para a participação litúrgica autêntica e consciente. Não apenas isto! Ela é o fruto, a consequência dessa participação.

[13 de agosto de 1969 – Audiência geral]

---

[1] Cf. Rm 8,15-16.
[2] Cf. *Sacrosanctum Concilium*, 2.

100. Para uma comunhão entre as nações

Também vosso país entrou numa fase de sua história e neste período de transição também vós sentis a insegurança desta nossa época, na qual os ordenamentos e os valores tradicionais mudaram, e todos os esforços devem concentrar-se na construção do futuro da nação não apenas em bases materiais estáveis, mas também em sólidos fundamentos espirituais. Também vós estais comprometidos na batalha contra os males que obscurecem as vidas de inumeráveis pessoas no mundo inteiro: contra a pobreza, a fome e as doenças; também vós combateis sem cessar por mais comida, roupa, moradia, por educação, por uma distribuição justa da riqueza deste mundo.

Não estamos todos unidos nesta luta por um mundo melhor, neste esforço para tornar disponíveis a todas as pessoas esses bens que são necessários para realizar o seu destino humano e viver vidas dignas dos filhos de Deus?

Nesta mútua compreensão e amizade, nesta sagrada comunhão, devemos também começar a trabalhar juntos para construir o futuro comum da raça humana [...] para alcançar uma verdadeira comunhão entre todas as nações. Essa união não pode ser construída sobre o terror universal ou sobre o medo da destruição recíproca; deve ser construída sobre o amor comum, que abraça todos e tem as suas raízes em Deus, que é amor.

[3 de dezembro de 1964 – Discurso. Bombaim]

101. Dar ao mundo razões de viver

Senhoras e senhores, as vossas mensagens, os vossos filmes, as vossas reportagens, os vossos comentários giram ao redor do mundo num instante. Entre as muitas coisas ditas da imprensa, bem como dos meios de comunicação social, é que ela é a potência número um do mundo. Certamente é difícil medir a sua influência: milhões de pessoas, povos inteiros são afetados pelo vosso trabalho – e bem depressa toda a humanidade será alcançada. Que missão maravilhosa para aqueles que colocam a sua inteligência a serviço da verdade e do direito! Uma responsabilidade séria, muito séria para aqueles que abusam do seu poder para apoiar preconceitos e dividir comunidades e nações, ou chegam ao ponto de tornar esta nobre invenção um instrumento de perversão moral!

Vós estais dotados de uma sensibilidade aguçada para os problemas de vossa época. Conheceis bem as aspirações do homem contemporâneo e estais certamente impressionados pelo profundo abismo que existe infelizmente entre esses desejos e a sua satisfação. O homem moderno tem riquezas e muitas descobertas à sua disposição, inclusive a dos meios de comunicação de massa. Não poderia ele ser capaz de enfrentar de maneira positiva o dever que o impele com urgência a fazer deste mundo uma terra fraterna e alegre? Nossos predecessores e nós, impelidos pela mensagem que Cristo nos confiou, não cessamos de encorajar o cuidado pelos outros, a solidariedade internacional e a fraternidade da família humana toda a serviço do desenvolvimento, que é "o novo nome da paz". Estas são as chaves do nosso destino humano e espiritual.

O homem só conhece a felicidade ao partilhar dela; só pode chegar à realização de suas aspirações religiosas se tiver um mínimo de bem-estar. Aqui, amigos, com confiança em vossa nobreza de espírito e com estima pelo vosso poder, nos dirigimos a vós para que deis a este nosso mundo razões de viver.

[2 de dezembro de 1970 – Aos representantes da imprensa australiana. Sydney]

102. Os vestígios de Deus no trabalho do homem

Conferir a marca de Cristo! Que horizonte vastíssimo se abre à alma do sacerdote, atento às suas responsabilidades e à sua vocação. Isso levará a descobrir as pegadas de Deus nas realidades materiais, bem como nas conquistas técnicas e organizativas do mundo do trabalho, e a vencer a inércia e a opacidade da matéria, que às vezes parece assenhorear-se da alma imortal do homem e sujeitá-la como num torno de ferro. Significará comunicar ao trabalhador a consciência altíssima da sua dignidade de pessoa humana, amada por Deus, remida por Cristo e transformada em nova criatura, que é chamada ao destino de construir a cidade terrena na justiça, na paz e na liberdade, aperfeiçoando-se no trabalho e no sacrifício, na expectativa da cidade celeste.

Significará sobrenaturalizar no trabalho cristão todos os temas da sua labuta cotidiana, habituando-o a considerar a sua vida não apenas no aspecto material e terreno, mas também e sobretudo no aspecto espiritual e divino, para poder esperar a sua santificação e a elevação do mundo circundante, através dos instrumentos do seu trabalho.

Significará ainda comprometer os indivíduos num testemunho convicto, alegre, coerente de fidelidade ao Evangelho de Cristo, para aumentar as fileiras dos que não são insensíveis aos valores cristãos.

[26 de junho de 1964 – Discurso na ONARMO]

103. Cristo se revela em quem sofre

Queremos exorta-vos a ter este grande conceito do vosso serviço e a cumpri-lo sempre com grande exatidão e com grande fineza de modos e de sentimentos. E acrescentamos, com aquele espírito, com aquela virtude, que chamamos de caridade, e que confere à vossa obra uma inteligência, um fervor, um mérito transfiguradores. Vós assistis a dor.

Poderia um dia não mais causar-vos nenhuma impressão: a gente se habitua a tudo. Poderíeis um dia entediar-vos; afinal, o sofrimento alheio não oferece nenhuma satisfação pessoal. Poderia a dor ainda ser aplacada pela cura científica e técnica, sem requerer outra coisa. Vós assistis a dor humana: nada é mais revelador, nada é mais digno, nada mais sagrado no plano natural da vida. Experimentai amá-la! Certamente já a amais e já experimentastes as estupendas consequências, objetivas e subjetivas, de uma relação assim entre quem sofre e que o assiste. Mas por que amar o sofrimento? São tantos os porquês, que persuadem a amar e a servir a quem sofre: mas algo supera a todos e sustenta a todos: devemos amar o sofrimento porque no paciente ele é a imagem, é a presença mística de Cristo. Nunca nos esqueçamos da sua palavra surpreendente: "Na verdade vos digo, todas as vezes que fizestes isso a um desses meus irmãos menores, a mim o fizestes" (Mt 25,40). Quem sofre é chamado de irmão por Cristo; melhor, é identificado com ele mesmo!

[21 de março de 1970 – Discurso aos representantes de hospitais de Milão]

104. Iguais na dignidade e nos direitos

Esta é a nossa mensagem para 1971. Repete, como uma voz nova que sai da consciência civil, a declaração dos Direitos do Homem: "Todos os homens nascem livres e iguais na dignidade e nos direitos; são dotados de razão e de consciência e devem comportar-se, uns para com os outros, como irmãos". A doutrina da civilização chegou até aqui. Não voltemos para trás. Não percamos os tesouros desta conquista evidente. Demos, sim, aplicação lógica e corajosa a esta fórmula, tendo em vista o progresso humano: "Todos os homens são meus irmãos". Esta é a paz, no seu ser e no seu devir. E isto é válido para todos!

É válido, irmãos de fé em Cristo, especialmente para nós. À sabedoria humana, que, com imenso esforço, chegou a uma conclusão tão elevada e difícil, nós, crentes, podemos acrescentar um conforto indispensável. Principalmente o conforto da certeza (porque, dúvidas de qualquer gênero a podem insidiar, tornar débil e anular). A nossa certeza, na palavra divina de Cristo Mestre, que a eternizou no seu Evangelho: "Vós sois todos irmãos" (Mt 23,8).

Também podemos oferecer o conforto da possibilidade de aplicação (porque, na realidade prática, como é difícil sermos verdadeiramente irmãos para com todos os homens!); podemo-lo fazer recorrendo, como regra prática e normal de ação, a outro ensinamento fundamental de Cristo: "O que quiserdes que vos façam os homens, fazei-o também a eles" (Mt 7,12).

[14 de novembro de 1970 – Mensagem. Jornada da Paz, 1971]

105. Anunciai Cristo nos vossos países

Sugerimos que considereis a Epifania como a festa da vocação dos povos, de todos os povos, sem distinção, à mesma salvação, ao mesmo destino. Parece-nos que vós, filhos caríssimos dos países nos quais o anúncio de Cristo ainda está na fase constitutiva da Igreja, vos tornastes neste momento os representantes – os Magos – das vossas respectivas nações, e realizais neste momento um episódio típico do mistério da Epifania: o da descoberta que a vinda de Cristo ao mundo é destinada a cada um de vós, a cada um dos vossos países.

Isto não é para desacreditar o que vós sois e representais, mas para elevar a vossa alma pessoal e a vossa personalidade nacional ao cume de uma expansão, de uma consciência, de uma capacidade nova de vida e de esperança de destinos inefáveis, em que consiste precisamente a redenção de Cristo. Ouvi o Concílio: "Da mais remota antiguidade até os dias de hoje, todos os povos têm certa percepção daquela força arcana presente no desenrolar das coisas e nos acontecimentos da vida humana, às vezes mesmo um conhecimento de suprema divindade, ou mesmo, do Pai! [...]".[1]

Tudo o que sois tem este significado supremo: de vocação, de predisposição a Cristo.

[6 de janeiro de 1967 – Homilia. Colégio da Propaganda Fide]

---

[1] *Nostra aetate*, 2.

106. O dom da paz

O Natal coloca mais uma vez o tema da paz à nossa consideração, e a mensagem que este feliz acontecimento põe em nossos lábios para vós, para o mundo, não pode calar o presságio da paz trazida por Cristo a esta nossa terra, tão ávida e necessitada de paz e tão cheia de ofensas e de ameaças, sempre mais graves e pavorosas, que parecem comprometê-la.

Deixai, irmãos, que o nosso voto natalício repita de novo aquele que choveu do céu na noite misteriosa do nascimento de Jesus Cristo no meio de nós, sobre o chão deste átomo do universo que é a nossa terra e no curso milenar dos séculos no momento preciso, que é a nossa história.

A nós homens, seres privilegiados do cosmos, porque marcados pela semelhança sublime de Deus, foi anunciada a paz, como dom que coroa tudo o que foi recebido com a vida presente e que dá à vida o seu valor, a sua razão de ser digna e felizmente vivida.

Paz a todos vós, irmãos, objeto da benevolência criadora e redentora de Deus! Paz neste dia bendito, que por ser dedicado à vida nascente, à vida de Cristo, "primogênito de toda criatura" (Cl 1,15) e protótipo da humanidade, quer estender a sua luz transfiguradora sobre cada dia do nosso tempo, sobre cada membro da família humana.

[23 de dezembro de 1967 – Radiomensagem natalícia]

107. Não há paz sem Deus

É preciso que a paz esteja, primeiro, nos corações, para poder realizar-se nas instituições civis e nos acontecimentos históricos. A caminhada pode ser longa porque os caminhos do coração são longos e frequentemente difíceis e intransitáveis, são individuais, são movediços; é verdade, mas isto constitui o drama humano que exatamente o Natal vem enriquecer com forças positivas [...].

Sim, porque a paz é uma ordem; a ordem supõe uma perfeição de relações. Entre todas as relações das quais a existência humana precisa, primeira e indispensável é a relação com Deus. Saibamos afirmar uma verdade que muitos entre os homens de hoje se recusam a admitir: vive-se bem, até melhor, dizem eles, sem religião, a qual é tão misteriosa, coloca problemas extremamente complexos, tolhe, não dá paz ao espírito humano.

Mas não, irmãos, temos necessidade insaciável de Deus; nada podemos sem ele: a nossa vida está constitucionalmente ligada a ele; esquecer Deus significa apagar a luz na nossa vida; sem ele tudo fica escuro. Deus é a vida. Estar unidos a ele, estar reconciliados com ele, estar no plano da sua vontade é a nossa primeira paz interior. "Não há paz para os sem Deus", diz a Sagrada Escritura;[1] ao passo que há paz para quem entrou na órbita do querer divino: "Em sua vontade está nossa paz".[2]

Como pensar numa ordem social e internacional sem contar com uma ordem pessoal e moral nos homens que dirigem o mundo e que o compõem? E como essa ordem pessoal e moral pode ser

---

[1] Is 48,22; 57,21.
[2] *A Divina Comédia, Paraíso*, III, 85.

sincera, segura, estável sem referência àqueles princípios absolutos e transcendentes que só a religião inspira e garante?

A paz com Deus é a fonte daquela força moral, daquela retidão viril, daquela sabedoria fundamental, da qual pode brotar a paz com os homens. Como encontrar a arte de pôr os homens de acordo sem reconhecer o primado da fraternidade humana na política e sem valorizar o perdão dos erros sofridos ou recíprocos como princípio de solução dos conflitos humanos? E não estão estes critérios basilares de paz terrena fundados sobre doutrinas que só a religião pode sugerir e validar?

A religião de Cristo, digamos, a do Natal – não digamos mais nada, porque agora a nossa palavra não é lição, mas apenas mensagem de votos – talvez ela seja profética. Deus queira, na dúplice visão que um dia esta humilde voz, fraco eco do anúncio natalício, seja ouvida e leve alegria e vitalidade nova ao mundo aproximado de Cristo e que desde hoje almas boas e crentes, já invadidas pelo Espírito de Cristo, experimentem o inefável conforto da sua paz interior e possam dizer a si mesmas e testemunhar aos irmãos quanto é verdadeira, quanto é alegre, quanto é promissora a paz que Cristo nos trouxe, e que sem ele o mundo não pode plenamente alcançá-la.[1]

[23 de dezembro de 1967 – Radiomensagem natalícia]

---

[1] Cf. Jo 14,27.

108. A paz do coração como dom do Natal

Nós queremos supor sempre que em todo espírito humano se esconde uma aspiração profunda e entranhada, uma nostalgia, uma esperança de provar um dia uma autêntica paz do coração; aquela paz verdadeira, nova, redentora da miséria comum, paz que nos faz sentir que somos homens e filhos de Deus. E queremos [...] anunciar em voz alta, ou melhor, com a voz insinuante que soa doce e persuasiva dentro das almas, que a paz do coração existe, é possível, está próxima, é hoje oferecida a nós como o grande dom do Natal. Sim, estes são os nossos votos, esta é hoje a nossa mensagem.

Quem aceita a mensagem? A quem a destinamos de modo especial? Diremos: Paz a vós que sofreis, porque podeis ser consolados.

Paz a vós que tendes fome de pão e de justiça, porque os homens são declarados irmãos por Cristo,[1] e todos os que podem devem a vós o alimento material e moral de que precisais. Paz a vós que pensais e estudais, porque a verdade existe, e o drama da vossa pesquisa incansável pode encontrar soluções maravilhosas: tudo vem do Verbo, tudo é, ao menos em certa medida, inteligível. Paz a vós que tendes a ânsia do reto governo do mundo, porque não é vão esperar que finalmente os homens se apercebam que podem e devem amar-se, não se amar até à loucura dos riscos fatais, não se combater, não se matar.

[23 de dezembro de 1967 – Radiomensagem natalícia]

---

[1] Cf. Mt 23,8.

109. A paz é obra de Deus e dos homens

A paz é certamente obra dos homens. Bem comum de todos, ela deve ser a preocupação constante de todos, especialmente daqueles sobre os quais pesa a responsabilidade dos Estados e da comunidade dos povos [...]. Quem não vê a necessidade de uma ação incessante da parte de cada um e de todos, a fim de que o amor triunfe sobre as discórdias e a paz seja instaurada na cidade do homem?

Mas a paz é também obra de Deus. Foi ele quem infundiu nos nossos corações o desejo ardente da paz. É ele quem nos impele a cooperar, cada um segundo a nossa parte, e que para tal fim sustenta as nossas fracas energias e as nossas vontades vacilantes. É só ele quem pode dar-nos um ânimo pacífico e consolidar em profundidade e estabilidade os nossos esforços de paz.

A oração com a qual pedimos o dom da paz é, portanto, uma contribuição insubstituível para a instauração da paz. É por meio de Cristo, no qual toda graça nos é concedida,[1] que podemos dispor-nos a acolher o dom da paz. E como não desejaremos buscar apoio ao longo da nossa caminhada na intercessão incomparável de Maria sua mãe, de quem o Evangelho nos revela que "encontrou graça diante de Deus" (Lc 1,30)?

Foi a humilde Virgem de Nazaré que se tornou mãe do "Príncipe da paz", daquele que nasceu sob o signo da paz e que proclamou diante do mundo: "Felizes os pacíficos, porque serão chamados filhos de Deus" (Mt 5,9).

[7 de outubro de 1969 – Exortação apostólica sobre o Rosário]

---

[1] Cf. Rm 8,32.

110. Educar para a paz

A Paz, antes de ser uma política, é um espírito; antes de se manifestar vitoriosa ou vencida, nas alternativas históricas e nas relações sociais, exprime-se, forma-se e afirma-se nas consciências, naquela filosofia da vida que cada um deve procurar, para lhe iluminar os passos [...].

Ora, tudo isto, irmãos e filhos caríssimos, significa que a paz exige uma educação. Queremos afirmá-lo aqui, junto do altar de Cristo, enquanto estamos a celebrar a santa Missa, reevocadora da sua Palavra e renovadora, de forma incruenta e sacramental, do seu sacrifício pacificador do céu com a terra. Estamos aqui como discípulos, como alunos, sempre necessitados de ouvir, de aprender e de recomeçar o tirocínio da nossa "metanoia", isto é, da transformação da nossa mentalidade instintiva e infelizmente tradicionalista.

É preciso desfazer preconceitos inveterados: que a força e a vingança são o critério regulador das relações humanas; que a uma ofensa recebida deve corresponder outra ofensa, frequentemente mais grave: "Olho por olho, dente por dente..." (Mt 5,38); que os interesses próprios devem prevalecer sobre os dos outros, sem ter em conta as necessidades alheias e o direito comum. É preciso inocular, na raiz da nossa psicologia social, a fome e a sede da justiça, juntamente com aquele desejo de alcançar a paz, que nos dá direito ao título de filhos de Deus.[1]

[1º de janeiro de 1970 – Homilia]

---

[1] Cf. Mt 5,6; 5,9.

111. A paz é dever

À medida que a nossa civilização cresce e se afirma, à medida que ela se enriquece e se desenvolve e, por isso mesmo, se complica no meio de conhecimentos, de instrumentos, de instituições, de problemas e de aspirações... aumenta também a necessidade de uma ordem, de uma paz, que assegure e promova a justa e feliz complexidade da nossa vida, tanto individual como coletiva, em todos os níveis, a começar pelo interior da nossa consciência (como se poderá viver realmente bem, como homens e como cristãos, sem ter a consciência em paz?), para subir aos outros planos, nos quais se desenrola a nossa existência, no meio de tantas relações (que, para serem boas, exigem que sejam pacíficas), no meio de tantos e tantos problemas (que permanecem abertos e tormentosos, se não são resolvidos em paz), no meio de mil dificuldades (que todas pedem para ser superadas pela paz), no meio, enfim, de inumeráveis sofrimentos e reveses (aos quais somente a paz pode trazer adequado e eficaz remédio).

Queremos dar a visão desta universalidade da paz, como que para termos, nesta palavra grandiosa e abençoada, a síntese da nossa concepção otimista do mundo em que vivemos e do tempo em que, no nosso cômputo convencional, o qual segue de algum modo o cômputo solar, hoje precisamente, se inicia um novo curso, isto é, principia um novo ano. A paz quer ser o sinal do tempo que está para vir, um bom auspício para todas e quaisquer vicissitudes que possam surgir no futuro, e o programa da nossa história.

Hoje insistiremos apenas neste ponto: a paz é um dever.

[1º de janeiro de 1970 – Homilia]

112. Banir a guerra

Assim como a civilização conseguiu abolir, ao menos na linha dos princípios, a escravatura, o analfabetismo, as epidemias, as castas sociais..., ou seja, calamidades inveteradas e toleradas como se fossem inevitáveis e ínsitas na triste e trágica convivência humana, assim também é necessário conseguir a abolição da guerra. É a "boa educação" da humanidade que o exige. É o perigo tremendo e crescente de uma conflagração mundial que o impõe.

Não temos nós, fracos mortais, e cada um de nós, algum meio para esconjurar hipóteses de novas catástrofes devastadoras, de dimensões universais? Sim, temos. Temos o recurso à opinião pública, que, nas situações difíceis, se torna expressão da consciência moral humana. E todos nós sabemos como a sua influência pode ser salutar.

Todos temos também o dever pessoal de sermos bons, o que não quer dizer sermos fracos, mas sim sermos promotores do bem, sermos generosos, sermos capazes de quebrar, com a paciência e com o perdão, a triste cadeia ilógica do mal; quer, enfim, dizer: amar, isto é, sermos cristãos.

Temos ainda outro recurso, que pode revestir-se do poder de remover as montanhas: é a inserção da causalidade divina no misterioso jogo da causalidade natural e da liberdade humana. Este recurso é semelhante a uma moeda de duas faces: uma face é a oração e a outra é a fé.[1]

[1º de janeiro de 1970 – Homilia]

---

[1] Cf. Mt 7,7; Tg 1,6.

113. Tornar possível a paz

O nosso anúncio é simples como um axioma: a paz é possível!

A vós, irmãos e filhos na comunhão católica e a todos aqueles que a nós estão unidos na fé cristã, repetimos o convite à reflexão sobre a possibilidade da paz, indicando-vos as vias, ao longo das quais essa reflexão poderá ser enormemente aprofundada: são as vias de um conhecimento realista da antropologia humana, nas quais as misteriosas razões do mal e do bem, na história e no coração do homem, nos revelam porque é que a paz é um problema sempre em aberto, sempre ameaçado por soluções pessimistas, e, ao mesmo tempo, sempre confortado não somente pelo dever, mas, além disso, pela esperança de soluções felizes.

Nós acreditamos num governo, indecifrável muitas vezes, mas real, de uma Bondade infinita, ao qual chamamos Providência e o qual transcende os destinos da humanidade; sabemos existirem estranhas mas, simultaneamente, estupendas reversibilidades de toda e qualquer vicissitude humana numa história de salvação; nós trazemos como que insculpida na memória a sétima bem-aventurança do Sermão da Montanha: "Bem-aventurados os pacíficos, porque serão filhos de Deus" (Mt 5,9); nós ouvimos, absortos numa esperança que não engana,[1] o anúncio natalício da paz, para os homens de boa vontade;[2] nós, enfim, temos continuamente a paz nos lábios e no coração, como dom, como saudação e como voto bíblico, derivante do Espírito, e por isso mesmo possuímos a fonte secreta e inexaurível da paz, que é "Cristo, nossa paz" (Ef 2,14);

---
[1] Cf. Rm 5,5.
[2] Cf. Lc 2,14.

e, se a paz existe, em Cristo e por Cristo, ela é possível entre os homens e para os homens.

Não deixemos, pois, decair a ideia da paz, nem a esperança da mesma paz, nem, ainda, a aspiração e a experiência; mas procuremos renovar sempre nos corações o seu desejo, em todos os níveis: no cenáculo secreto da consciência, na convivência familiar, na dialética dos contrastes sociais, nas relações entre as classes e entre as nações, no apoio às iniciativas e às instituições internacionais que têm a paz como sua bandeira. Procuremos torná-la possível, a paz, apregoando a amizade e pondo em prática o amor do próximo, a justiça e o perdão cristão; abramos-lhe as portas onde quer que ela se ache excluída, mediante tratados leais e dirigidos para conclusões sinceras e positivas [...].

Aos desmentidos trágicos e insuperáveis, que parecem constituir a impiedosa realidade da história dos nossos dias, às seduções da força combativa, à violência cega que se abate sobre os inocentes, às insídias escondidas e operantes com o fim de especular com os grandes negócios da guerra e de oprimir e de manter em sujeição as gentes mais débeis, à pergunta angustiosa, enfim, que continuamente nos persegue – será possível entre os homens a paz, uma paz verdadeira? Façamos irromper do nosso coração, cheio de fé e forte em amor, a resposta simples e vitoriosa: Sim!

Uma resposta que nos impele a sermos promotores de paz, com sacrifício, com sincero e perseverante amor pela humanidade.

[8 de dezembro de 1972 – Mensagem. Jornada da paz, 1973]

114. A paz repousa no amor

Se a segurança dos povos repousa ainda sobre a hipótese de um emprego legítimo e coletivo da força armada, devemos lembrar que a segurança pode repousar ainda mais sobre o esforço da mútua compreensão, sobre a generosidade de uma leal e mútua confiança, sobre o espírito de colaboração programática em vantagem comum e em ajuda especialmente aos países em vias de desenvolvimento. Ou seja, repousa no amor.

E é ainda desta palavra áurea que faremos menção e elogio para estender sobre as memórias das atrozes guerras passadas o cândido manto da paz. Queremos que o amor esteja estendido sobre os cemitérios de guerra, a fim de que fossem neles colocados os restos mortais dos caídos que ainda esperam o gesto da última piedade humana e aguardam que os órfãos parentes os possam visitar e honrar; e a fim de que o trágico sono de tantas vítimas mantivesse desperta nas gerações sobreviventes e sucessivas a admoestadora memória do terrível drama que não deve repetir-se mais!

Queremos que o amor esteja levantado como bandeira de amizade e de esperança sobre os pavilhões das assembleias internacionais, para glória e conforto dos que com sabedoria e com retidão trabalham para tornar os povos irmãos. Queremos o amor transfigurado no horizonte da história presente e futura, como que a deixar transparecer que a sua luz ideal não pode vir senão do sol do Deus vivo. Sem a fé em Deus, como a paz pode ser sincera e segura?

[26 de agosto de 1964 – Audiência geral]

115. Sem perdão não há paz verdadeira

Acrescentaremos uma palavra mais sobre o nosso dever, a que já nos referíamos acima, de ensinar os homens a amarem-se, a reconciliarem-se e a perdoarem-se mutuamente. É o que nos ensina expressamente o divino Mestre, Jesus; deixou-nos disso o seu exemplo e disso mesmo contraímos a obrigação, que ele próprio ouve repetida pelos nossos lábios, todas as vezes que recitamos a oração ao Pai, usando as palavras bem conhecidas: "Perdoai as nossas ofensas, assim como nós perdoamos a quem nos tem ofendido". É extraordinário este "assim como"; ele estabelece uma equação que, uma vez posta em prática, é a nossa fortuna, na economia da salvação; mas, por outro lado, quando não aplicada, ela pode bem vir a ser a nossa condenação.[1]

Pregar o Evangelho do perdão parece absurdo à política humana, por isso mesmo que, na economia natural, a justiça muitas vezes não o consente. Mas, na economia cristã, isto é, sobre-humana, não é um absurdo. Difícil, isso sim; mas um absurdo, de modo nenhum. Como terminam os conflitos no mundo profano? Qual é a paz que eles, afinal, conseguem instaurar? [...]

Nesta paz, muito frequentemente fictícia e instável, falta a solução completa do conflito; quer dizer, falta o perdão, falta a renúncia do vencedor às vantagens alcançadas, vantagens que humilham e tornam o vencido inevitavelmente infeliz; por outro lado, falta também ao vencido a força de ânimo para a reconciliação.

---

[1] Cf. Mt 18,21-35.

Paz sem clemência, como se pode chamar paz? Paz cheia de espírito de vingança, como pode ela ser verdadeira? De um e de outro lado é necessário apelar para aquela justiça superior que é o perdão.

[30 de novembro de 1969 – Mensagem. Jornada da paz, 1970]

116. Perdoar para ser perdoados

Estamos dispostos a perdoar qualquer ofensa? O Senhor nos repete isso todos os momentos em que dizemos o Pai-Nosso: Senhor, perdoa-me assim como eu também perdoo os outros. Colocamos estas palavras em prática? Está atuante em nós esta exclamação, este apelo à misericórdia de Deus, apresentando a ele a nossa humilde misericórdia como documento para implorar a sua imensa, infinita misericórdia? E compartilhamos de todas as pseudojustiças que se procuram introduzir no meio de nós, as vinganças, toda essa trágica psicologia em cadeia, a vendeta mafiosa, que julga acertar as contas suprimindo, oprimindo o adversário, essa psicologia da aversão pelos outros? Não a deploramos bastante? [...]

Devemos levar a paz, devemos levar o senso de justiça verdadeira nos nossos corações antes de exigir que seja levada e reclamada na vida pública e na vida internacional. Procuremos de verdade ser homens e cidadãos honestos e bons. Que a verdade se torne o grande programa da nossa existência, porque, se somos cristãos, teremos não apenas as normas da vida civil e pacífica, mas também os motivos que faltam aos outros, desde o momento em que somos inseridos na fonte que aprofunda o amor e a misericórdia da humanidade. Somos discípulos e somos tributários dessa fonte, Cristo.[1]

[1º de janeiro de 1974 – Homilia]

---

[1] *Insegnamenti di Paolo VI*, vol. XII, Tipografia Poliglotta Vaticana, 1974, p. 8.

117. A paz, verdadeiro bem da humanidade

A paz é a ideia que preside ao progresso humano; é a concepção verdadeira e fecunda, da qual provém uma vida melhor e uma história mais coerente para nós, homens. Por outro lado, é o fim, quer dizer: o coroamento dos esforços, por vezes laboriosos e dolorosos, mediante os quais, nós homens, procuramos submeter o mundo exterior ao nosso serviço e organizam a nossa sociedade, segundo uma ordem em que se reflitam a justiça e o bem-estar.

Insistimos ainda: a paz é a vida real do nosso quadro ideal do mundo humano. Com a seguinte advertência, porém: ela não é propriamente uma posição estática, que possa ser alcançada de uma vez para sempre; não é uma tranquilidade no imobilismo. Encará-la assim seria entender mal a célebre definição agostiniana, que chama à paz "tranquilidade na ordem":[1] seria ter desta ordem um conceito abstrato e não saber que a ordem humana é, mais do que um estado, um ato. Depende da consciência e da vontade daqueles que compõem e desfrutam tal ordem, mais do que das circunstâncias que possam favorecê-la. E, precisamente pelo fato de ser ordem humana, ela é sempre perfectível, ou seja, está constantemente a ser gerada e desenvolvida; consiste, portanto, num movimento progressivo, à semelhança do que sucede no voar, que tem de ser mantido à custa de um dinamismo propulsor, a agir continuamente.

Quando falamos de paz, não vos queremos propor, amigos, um imobilismo humilhante ou egoísta. A paz não é algo para ser

---

[1] *De Civitate Dei*, XIX, cap. XIII; PL 7, 640.

saboreado; cria-se. A paz não é um nível já alcançado; é sim um nível superior, ao qual todos e cada um de nós devemos aspirar. A paz não é, ainda, uma ideologia soporífera; é sim uma concepção deontológica que a todos nós torna responsáveis pelo bem comum e que nos obriga a dar todo o esforço ao nosso alcance para a sua causa – a verdadeira causa da humanidade. Quem quiser aprofundar, com o próprio pensamento, esta convicção descobrirá muitas coisas. [...] Descobrirá que uma só ideia, no fundo, é verdadeira e boa: a do amor universal, ou por outras palavras, a ideia da paz.

[30 de novembro de 1969 – Mensagem. Jornada da paz, 1970]

118. A paz é bem comum

A paz é necessária, a paz é difícil, a paz é frágil, a paz é progressiva, a paz é bem comum, a paz é de interesse geral [...]. A realidade da paz não é estática, mas dinâmica. Não quer empreguiçar e adormecer indivíduos e comunidades, mas quer ser ativa e visar progressivamente à enucleação dos princípios humanos e jurídicos, sobre os quais a paz deve estar baseada; quer exprimir-se num desarmamento gradual e num serviço de vantagem comum; e quer consolidar-se em instituições internacionais e supranacionais [...]. A paz está em devir, é progressiva; tem a sua história. Paz e história deveriam finalmente se identificar.

Todos veem como esta concepção é ao mesmo tempo lógica e árdua, natural e ainda distante, bela e demasiado bela para os homens que ainda somos egoístas, violentos, particularistas e muitas vezes obrigados a nos defender não com meios pacíficos, mas com meios impostos pela legítima defesa. E como ainda hoje somos tentados a pensar que egoísmo e violência se equivalem, ao passo que deveria ser nosso estudo visionário, especialmente no drama contemporâneo da vida juvenil, de distinguir um da outra. Há o heroísmo, há a coragem, há o martírio, há o sacrifício do homem forte e grande, "rebelde por amor", que não mira a ofensa alheia e foge da violência intencional.

[1º de janeiro de 1969 – Homilia]

119. Paz, desenvolvimento e necessidades dos outros

Nós todos devemos educar-nos para a paz, devemos alimentar aquelas *cogitationes pacis* (Jr 29,11), aquelas ideias que a tornam desejável e sincera, e a estabelecem, antes ainda que na política e no equilíbrio exterior, na profundidade das consciências, na mentalidade do homem moderno e no costume do povo civil.

A respeito disso, devemos observar como a ideia da paz, apesar de tudo, se nem sempre progride na atividade, progride na consciência do mundo contemporâneo. Agora se procura instrumentalizar a paz para fins diferentes da ordem fundada no respeito dos direitos da pessoa humana e dos povos livres. Difunde-se assim a persuasão íntima de que a paz verdadeira e duradoura não pode estar baseada no poder de armas mortais nem na tensão estática de ideologias contrastantes. Ao contrário, está se formando o conceito positivo da paz.

A paz não é pacifismo imbele, nem egoísmo contente nem desinteresse indiferente pelas necessidades dos outros. É, antes, fruto de um esforço prático, contínuo e concorde para a construção de uma sociedade local e universal, fundada na solidariedade humana, na busca de um bem comum para todos [...].

Nós dissemos que a paz, hoje, se chama desenvolvimento.

[4 de outubro de 1966 – Homilia]

120. O respeito pelo homem conduz à paz

A paz não é uma flor espontânea da nossa terra árida, privada de amor e impregnada de sangue. A paz é fruto de uma transformação moral da humanidade. Exige um cultivo conceitual, ético, psicológico, pedagógico, jurídico. Não se improvisa uma paz verdadeira, uma paz imposta não se mantém [...].

A paz deve ser humana, portanto, livre, justa, feliz. Somos então levados a buscar as raízes de onde deriva a paz. Uma dessas raízes é a que o mundo glorificou no ano passado, a saber, a proclamação dos direitos do homem. É uma proclamação à qual devemos fazer eco durante o ano que hoje inauguramos.

Digamos, pois: o reconhecimento dos direitos do homem marca o caminho que conduz à paz. Poderemos enunciar este tema também em sentença recíproca, ou seja, o reconhecimento dos direitos humanos conduz à paz; assim como, por sua vez, a paz favorece tal reconhecimento. De qualquer modo, homem e paz são termos correlativos, são realidades mútuas que se reclamam e se integram [...].

A famosa proclamação dos direitos do homem espera ainda uma aplicação completa. Ela não deve ser um princípio abstrato, um esforço vão, uma veleidade hipócrita. Há ainda fenômenos no mundo contemporâneo que denunciam o não cumprimento de não pequena parte dos direitos, dos quais o homem deveria hoje desfrutar.

[1º de janeiro de 1969 – Homilia]

Oração de Paulo VI para conseguir a fé

Senhor, eu creio; eu quero crer em ti.

Ó Senhor, faze com que a minha fé seja plena, sem reservas, e que ela penetre no meu pensamento, na minha maneira de julgar as coisas divinas e as coisas humanas.

Ó Senhor, faze com que a minha fé seja livre, que ela tenha o concurso pessoal da minha adesão; aceite as renúncias e os deveres que ela comporta e que exprime o máximo da minha personalidade. Creio em ti, Senhor.

Ó Senhor, faze com que a minha fé seja certa. Certa de uma congruência exterior de provas e de um testemunho interior do Espírito Santo, certa de sua luz tranquilizadora, de sua conclusão pacificadora, de sua assimilação repousante.

Ó Senhor, faze com que a minha fé seja forte, que ela não tema as contrariedades dos problemas dos quais está cheia a experiência de nossa vida ávida de luz; não tema as adversidades dos que a discutem, a atacam, a rejeitam, a negam, mas que ela se consolide com a prova da tua verdade, resista ao desgaste da crítica, que se fortaleça na afirmação contínua que supera as dificuldades dialéticas e espirituais, nas quais se desenrola a nossa existência temporal.

Ó Senhor, faze com que a minha fé seja alegre e dê paz e alegria ao meu espírito e o habilite à oração com Deus e à comunicação com os homens, de modo que irradie no colóquio sagrado e profano a felicidade interior da sua posse afortunada.

Ó Senhor, faze que a minha fé seja operosa e dê à caridade as razões da sua expansão moral, de modo que seja verdadeira amizade contigo, e nas obras, nos sofrimentos, na expectativa da revelação final seja de ti um contínuo testemunho, um alimento contínuo de esperança.

Ó Senhor, faze com que a minha fé seja humilde e não presuma fundar-se na experiência do meu pensamento e do meu sentimento, mas se renda ao testemunho do Espírito e não tenha outra garantia senão a docilidade à tradição e à autoridade do magistério da Santa Igreja. Amém.[1]

Paulo VI

---

[1] Oração proferida em 30 de junho de 1968 e repetida na Audiência geral de 30 de outubro de 1968.

Apêndice

Cronologia[1]

Os fatos da vida de Giovanni B. Montini, depois Paulo VI, referidos cronologicamente, querem ser indicativos e reveladores da tensão que guiou a sua atuação apostólica. As viagens que realizou como adido à Nunciatura apostólica de Varsóvia, como arcebispo de Milão, prepararam-no para ampliar sempre mais os horizontes do seu apostolado, permitindo que ele criasse laços de fraternidade.

Ele realmente fez sua "a solicitude por todas as Igrejas" de paulina memória. A outra dimensão a reter entre as linhas da cronologia é a busca de diálogo com todas as Igrejas, com todas as religiões, com todos os homens, perseguida com todos os meios.

1897	26 set.	Nasce em Concesio (Brescia) Giovanni Battista Montini, segundo filho de Giorgio e de Giuditta Alghisi.
—	30 set.	É batizado na igreja paroquial pelo arcipreste padre Giovanni Fiorini.
1902-1914		No Instituto "Cesare Arici" de Brescia, dirigido pelos jesuítas, frequenta as aulas do curso elementar e do ginásio. Recebe a formação religiosa no oratório da Paz, sede da Congregação Filipina. Aqui estabelece uma forte amizade com os padres Giulio Bevilacqua e Paolo Caresana.
1907	06 jun.	Recebe a Primeira Comunhão e, no dia 21, a Crisma do Bispo de Brescia, mons. Giacomo Corna Pellegrini.

---

[1] Do livro *Chiamati alla Gioia*, un anno con Paolo VI, Edizioni Paoline, Milano, 1990.

1916	junho	Consegue o diploma de ensino médio no liceu estatal "Arnaldo de Brescia".
1916-1920		Segue como aluno externo os cursos do Seminário de Brescia.
1920	29 maio	É ordenado sacerdote pelo bispo mons. Giacinto Gaggia na catedral de Brescia.
—	30 maio	Celebra a sua primeira Missa no Santuário de Nossa Senhora das Graças.
—		Graduado em direito pela Pontifícia Faculdade Jurídica do Seminário de Milão.
1920-1924		Estudos eclesiásticos em Roma (Faculdade de Filosofia na Universidade Gregoriana e ao mesmo tempo Faculdade de Letras na Universidade estatal de Roma).
1921	novembro	Entra como aluno e hóspede na Pontifícia Academia Eclesiástica.
1923	maio-out.	Adido à Nunciatura Apostólica de Varsóvia.
—	dezembro	Assistente eclesiástico do Círculo Universitário Católico Romano, pertencente a FUCI (Federações Universitárias Católicas Italianas).
1924	verão	Frequenta em Paris um curso de língua e literatura francesa.
—	outubro	Entra para a Secretaria de Estado no Vaticano.
1925	outubro	Assistente eclesiástico nacional da FUCI.
1937	13 dez.	Nomeado substituto da Secretaria de Estado.
1939	02 mar.	Eleição de Pio XII (Eugênio Pacelli).

—	24 ago.	Radiomensagem para o mundo: "Nada se perde com a paz. Tudo pode ser perdido com a guerra". Giovanni B. Montini participa na redação da mensagem.
1943	12 jan.	Morre o pai, Giorgio.
—	17 maio	Morre a mãe, Giuditta.
—	19 jul.	É bombardeado o bairro S. Lorenzo. Ao lado do Papa, sai do Vaticano para levar ajuda.
1952	29 nov.	É nomeado pró-secretário de Estado para Assuntos Correntes.
1954	01 nov.	É eleito arcebispo de Milão; sucede o cardeal A. I. Schuster.
—	12 dez.	É sagrado bispo na basílica de São Pedro.
1955	06 jan.	Na festa da Epifania, toma posse da arquidiocese de Milão. O lema escolhido pelo novo arcebispo é "In nomine Domini".
—	15 fev.	Primeira carta pastoral para a quaresma: "Omnia nobis est Christus".
1957	09 out.	Discurso ao 2º Congresso para o Apostolado dos Leigos, em Roma, sobre o tema: "A missão da Igreja".
1958	09 out.	Morre Pio XII.
—	28 out.	Eleição de João XXIII (Angelo G. Roncalli).
—	15 dez.	Criado cardeal no primeiro Consistório de João XXIII, com o título de Cardeal-presbítero dos Santos Silvestro e Martino ai Monti.
1960	03-16 jun.	Viagem aos Estados Unidos e ao Brasil.
—	07 dez.	Na basílica de Santo Ambrósio consagra mons. Giovanni Colombo, novo bispo auxiliar de Milão.

1961	08 nov.	Cumpre a visita "ad limina".
1962	19 jul.-20 ago.	Faz uma viagem à África, onde visita as missões da diocese de Milão, duas no Zambezi e uma no Volta.
—	12 out.	Participa da abertura do concílio ecumênico Vaticano II.
1963	02 fev.	Carta a João XXIII para a introdução da causa de beatificação do cardeal C. A. Ferrari.
—	03 jun.	Morre João XXIII.
—	19 jun.	Abertura do Conclave.
—	21 jun.	Eleito pontífice, assume o nome de Paulo VI.
—	13 jul.	Primeira audiência geral.
—	05 ago.	Envia telegramas ao Presidente dos Estados Unidos, ao Primeiro-Ministro inglês, ao Chefe de Governo da União Soviética e ao Secretário-Geral da ONU para a assinatura do tratado que proíbe os experimentos nucleares.
—	10 ago.	Nomeia mons. Giovanni Colombo seu sucessor no governo da Arquidiocese de Milão.
—	29 set.	Com um discurso programático abre a 2ª sessão do concílio ecumênico Vaticano II.
—	04 dez.	Conclui a 2ª sessão do Concílio, promulgando a constituição apostólica *Sacrosanctum Concilium* sobre a liturgia e o decreto *Inter mirifica* sobre as comunicações sociais.
1964	4-6 jan.	Peregrinação à Terra Santa.

—	17 maio	Anuncia a constituição de um Secretariado para os não cristãos.
—	06 ago.	Primeira encíclica: *Ecclesiam suam*.
—	14 set.	Abertura da 3ª sessão do concílio ecumênico Vaticano II.
—	24 out.	Proclama São Bento padroeiro da Europa.
—	21 nov.	Conclusão da 3ª sessão do concílio Vaticano II.
—	02-05 dez.	Viagem à Índia.
1965	07 abr.	Constituição de um Secretariado para os não crentes, presidido pelo cardeal F. Koenig.
—	29 abr.	Encíclica *Mense maio* sobre o culto mariano.
—	03 set.	Encíclica *Mysterium fidei* sobre a Eucaristia.
—	14 set.	Abertura da 4ª sessão do Concílio Vaticano II.
—	3-5 out.	Viagem a Nova York para visitar a Assembleia Geral da ONU.
—	08 dez.	Solene conclusão do concílio ecumênico Vaticano II.
1966	23 fev.	Recebe, na Capela Sistina, o arcebispo de Canterbury, M. Ramsey.
—	14 jun.	A Sagrada Congregação para a Doutrina da Fé declara que o "Índice" dos livros proibidos não tem mais valor de lei eclesiástica.
1967-1968		No 19º centenário do martírio dos santos Pedro e Paulo, anuncia o Ano da Fé.
1967	26 mar.	Promulgação da encíclica *Populorum progressio*.
—	02 maio	Primeira Jornada Mundial das Comunicações Sociais.

183

—	13 maio	Viagem a Fátima.
—	26 jun.	Viagem apostólica a Istambul, Éfeso e Esmirna.
—	25-26 jul.	Encíclica *Sacerdotalis coelibatus*.
—	29 set.	Primeiro Sínodo dos Bispos.
—	26-28 out.	O Patriarca Atenágoras I visita Paulo VI. No dia seguinte é escrito o texto da "Declaração Comum".
1968	10 jan.	Lança a iniciativa por uma jornada mundial dedicada à paz.
—	30 jun.	Compõe e proclama, na conclusão do Ano da Fé, o "Credo do povo de Deus".
—	25 jul.	Encíclica *Humanae vitae*.
—	22-25 ago.	Viagem apostólica à Colômbia: em Bogotá preside o 39º Congresso Eucarístico Internacional.
1969	10 jun.	Viagem à Suíça. Em Genebra visita o Conselho Ecumênico das Igrejas.
—	31 jul.-02 ago.	Viagem à Uganda para venerar os mártires daquela nação.
—	30 nov.	A nova liturgia da Missa entra em vigor.
1970	9-12 maio	O Católico Armênio Vasken I visita Paulo VI.
—	16 nov.	Visita à sede da FAO no 25º aniversário da instituição.
—	26 nov.-05 dez.	Viagem apostólica à Ásia oriental, Austrália, Oceania. Mensagem à China continental.
1971	30 set.	Segunda Assembleia Geral do Sínodo dos Bispos.
1972	24 jan.	Audiência ao Metropolita Melitão.

1973	08 jun.	Encontro com o Supremo Patriarca Budista do Laos.
1974	set.-out.	3ª Assembleia ordinária do Sínodo dos Bispos.
—	24 dez.	Abre a Porta Santa da basílica de São Pedro, inaugurando o Jubileu de 1975.
1975	maio	Exortação apostólica *Gaudete in Domino*.
—	8 dez.	Encíclica *Evangelii nuntiandi* para o desenvolvimento da atividade missionária.
—	14 dez.	Na Capela Sistina, beija os pés do Metropolita Melitão.
—	25 dez.	Rito solene de encerramento do Ano Santo.
1977	26 set.	Por ocasião do seu 80º aniversário, os artistas do mundo inteiro lhe oferecem uma mostra sobre o apóstolo "São Paulo".
—	set.-out.	4ª Assembleia Ordinária do Sínodo dos Bispos.
1978	19 mar.	Sequestro de Aldo Moro, com quem mantivera relações de amizade no tempo da FUCI. Humildemente implora às Brigadas Vermelhas que libertem o prisioneiro, mas ele foi trucidado em 9 de maio.
—	29 jun.	15º aniversário da sua eleição ao pontificado.
—	03 ago.	Em Castel Gandolfo, recebe a visita do novo presidente da República Italiana, Sandro Pertini.
—	06 ago.	Morre. Domingo, festa da Transfiguração de Nosso Senhor Jesus Cristo.

Fontes

Data	Documento	Número
1964		
04 jan.	Discurso aos fiéis do culto oriental em Jerusalém	[74]
08 fev.	Homilia ao Pontifício Seminário romano maior	[37]
29 mar.	Mensagem *Urbi et Orbi*. Domingo de Páscoa	[16-17]
19 abr.	Homilia. Missa na paróquia de Santa Cruz – Roma	[86]
13 maio	Discurso. Audiência geral	[45-46]
15 maio	Discurso às Pontifícias Obras Missionárias	[57]
20 maio	Discurso. Audiência geral	[20]
28 maio	Discurso à Procissão do *Corpus Christi*	[67]
26 jun.	Discurso à 1ª Semana de estudo sobre "Presença e função do sacerdote nas comunidades de trabalho", promovida pela ONARMO	[102]
29 jul.	Discurso. Audiência geral	[70]
15 ago.	Homilia. Missa na Festa da Assunção – Castel Gandolfo	[30]
26 ago.	Audiência geral. XXV aniversário do começo da 2ª Guerra Mundial	[114]
06 set.	Radiomensagem pelo 80º aniversário do "*Katholikentag*" celebrado em Stuttgart	[49]

Data	Documento	Número
07 out.	Discurso. Audiência geral	[31]
03 dez.	Discurso. Aos representantes dos vários grupos das religiões não cristãs – Bombaim	[100]
1965		
03 fev.	Discurso. Audiência geral	[4]
14 abr.	Discurso. Audiência geral	[18]
14 maio	Aos Componentes dos Conselhos Superiores gerais das POM	[56]
26 maio	Discurso. Audiência geral. Vigília da Ascensão	[19.84]
08 jun.	Ao "*Katholikentag*" dos países nórdicos	[73]
10 jun.	Homilia. XVII Congresso Eucarístico Nacional da Itália – Pisa	[60]
1966		
27 fev.	Homilia. 1º Domingo da Quaresma. Basílica de São Pancrácio – Roma	[7]
08 abr.	Homilia. *Via Crucis* da Quarta-Feira Santa ao Coliseu – Roma	[13]
09 abr.	Homilia. Vigília pascal na Basílica Vaticana	[14]
10 abr.	Mensagem *Urbi et Orbi*. Domingo da Ressurreição do Senhor	[15]
04 maio	Discurso. Audiência geral	[42]
01 jun.	Discurso. Audiência geral	[68]
08 jun.	Discurso. Audiência geral	[44]
04 out.	Homilia. Impetração universal pela paz	[119]
23 nov.	Discurso. Audiência geral	[47]

Data	Documento	Número
1967		
04 jan.	Discurso. Audiência geral	[3]
06 jan.	Homilia. Missa pelo duplo aniversário da Igreja na China. Colégio da Propaganda Fide – Roma	[105]
26 fev.	Homilia. Missa na Paróquia de Santo Eusébio – Roma	[50-54]
26 mar.	Mensagem *Urbi et Orbi*. Domingo da Páscoa	[80]
10 maio	Discurso. Audiência geral	[34]
17 maio	Discurso. Audiência geral	[25]
16 ago.	Discurso. Audiência geral	[24]
23 dez.	Radiomensagem natalícia	[106-108]
1968		
23 maio	*Regina coeli*	[87]
29 maio	Discurso. Audiência geral	[28.29.32.35]
15 ago.	Homilia. Missa na festa da Assunção – Castel Gandolfo	[33.39.40]
30 jun.	Homilia. Solene Concelebração em conclusão ao "Ano da fé"	O "Credo do povo de Deus"
30 out.	"Oração de Paulo VI para conseguir a fé", pronunciada em 30 de junho de 1968, é referida em discurso na Audiência geral na conclusão do "Ano da fé"	"Oração..."
20 dez.	Mensagem de Natal por ocasião da visita de Paulo VI à cidade de Taranto e ao estabelecimento siderúrgico ITALSIDER	[89]

Data	Documento	Número
1969		
01 jan.	Homilia. Solenidade da Santa Mãe de Deus	[118.120]
06 jan.	Homilia. Missa na solenidade da Epifania de NSJC	[2]
22 jan.	Discurso. Audiência geral	[71.75]
16 mar.	*Angelus Domini*	[96]
26 mar.	Discurso. Audiência geral	[27]
30 mar.	*Angelus Domini*	[10]
04 maio	*Regina coeli*	[38]
05 jun.	Homilia. Missa da festa do *Corpus Christi*	[61.63.64]
13 ago.	Discurso. Audiência geral	[98-99]
07 out.	Exortação apostólica sobre o Rosário, *Recurrens mensis october*, 1-4	[109]
19 out.	*Angelus Domini*	[97]
30 nov.	Mensagem para a Jornada da paz, 1970	[115.117]
30 nov.	*Angelus Domini*	[97]
1970		
01 jan.	Homilia na Solenidade da Santa Mãe de Deus	[110.111.112]
06 jan.	*Angelus Domini*	[78]
21 jan.	Discurso. Audiência geral	[72]
02 fev.	Discurso na festa da Candelária	[82]
04 mar.	Discurso. Audiência geral	[85]
21 mar.	Discurso aos representantes de hospitais de Milão	[103]
22 mar.	Homilia. Domingo de Ramos	[11]

Data	Documento	Número
26 mar.	Homilia na Missa na "Ceia do Senhor". Basílica Lateranense – Roma	[12.79]
04 abr.	Discurso aos participantes do Simpósio Internacional de Teologia – Roma	[8]
22 abr.	Discurso. Audiência geral	[92-93]
17 maio	*Regina coeli*	[41]
28 maio	Homilia. Missa da festa do *Corpus Christi*	[43.62.65.66]
01 jul.	Discurso. Audiência geral	[48]
18 out.	*Angelus Domini*	[69]
14 nov.	Mensagem para a Jornada da Paz, 1971	[104]
29 nov.	Mensagem aos povos da Ásia	[58]
02 dez.	Aos representantes da imprensa australiana em "Discurso aos promotores de atividades humanas e sociais" – Sydney	[59.101]
1971		
20 jan.	Discurso. Audiência geral	[76-77]
02 fev.	Discurso. Na Festa da Candelária	[83]
11 abr.	Mensagem *Urbi et Orbi*. Domingo de Páscoa	[81]
15 set.	Discurso. Audiência geral	[9]
1972		
08 dez.	Mensagem para a Jornada da paz, 1973	[113]
20 dez.	Discurso. Audiência geral	[90-91]
25 dez.	Homilia. Festa de Natal, Missa de meia-noite	[88]

Data	Documento	Número
1973		
12 dez.	Discurso. Audiência geral	[95]
1974		
01 jan.	Homilia da Missa in *Insegnamenti di Paolo VI*, vol. XII, Tipografia Poliglotta Vaticana, 1974, p. 8	[116]
09 jan.	Discurso. Audiência geral	[6]
13 jan.	*Angelus Domini*	[1]
02 fev.	*Marialis cultus*, 56	[36]
06 fev.	Discurso. Audiência geral	[5]
02 jun.	*Regina coeli*	[21]
16 out.	Discurso. Audiência geral	[26]
1975		
30 nov.	*Angelus Domini*	[94]
08 dez.	*Evangelii nuntiandi*, 75	[22-23]

Documentos citados

1963 – 04 dez.	Constituição conciliar *Sacrosanctum Concilium* sobre a sagrada liturgia
1964 – 21 nov.	Constituição dogmática conciliar *Lumen gentium* sobre a Igreja
1964 – 21 nov.	Decreto conciliar *Unitatis redintegratio* sobre o ecumenismo
1965 – 28 out.	Declaração conciliar *Nostrae aetate* sobre as relações da Igreja com as religiões não cristãs
1965 – 18 nov.	Constituição dogmática conciliar *Dei Verbum* sobre a Revelação divina
1965 – 07 dez.	Constituição pastoral conciliar *Gaudium et spes* sobre a Igreja no mundo contemporâneo
1969 – 07 out.	Exortação apostólica *Recurrens mensis october* sobre o rosário
1974 – 02 fev.	Exortação apostólica *Marialis cultus* sobre a devoção mariana
1975 – 08 dez.	Exortação apostólica *Evangelii nuntiandi* sobre a evangelização no mundo contemporâneo

Impresso na gráfica da
Pia Sociedade Filhas de São Paulo
Via Raposo Tavares, km 19,145
05577-300 - São Paulo, SP - Brasil - 2014